歴史文化ライブラリー

310

吉兆　湯木貞一

料理の道

末廣幸代

吉川弘文館

湯木貞一（撮影入江泰吉）

目　次

日本料理と湯木貞一――プロローグ

日本料理の歴史を簡単にたどると、室町時代に武家の式正（しきしょう）の饗宴（きょうえん）の料理として、本膳（ほんぜん）、二の膳、三の膳と、膳の数を三、あるいは五や七と、いくつも並べる本膳料理が完成した。これが今日に続く日本料理の源とされる。酒宴を主とした本膳料理はいくつもの膳の上に一度に数多くの料理が並べて出された。食べきれないほどの数多くの料理は冷めることも当り前のこととして考えられ、豪華さを演出するための見せる料理でもあった。

本膳料理はその後の時代の変遷により、簡素化という変化があるものの、正式な場合の饗応の膳として、近代までも命脈を保っていた。そして、江戸時代後期に発達した料理屋における会席料理はここから発展した。この料理屋の発達と共に、食材・料理技法・食器・給仕法などの日本料理の骨格が、江戸時代末期の文化・文政（一八〇四〜三〇）の頃に完成したと考えられている。

その一方で、桃山時代に登場した懐石と呼ばれる（明治時代頃から一般的になった名称）茶の湯で供される料理がある。懐石では温かくして十分に調理された料理が一品ずつ運ばれ、温かいものを温かく、残さずに食べられるだけの分量が供された。そして、その料理は江戸時代になって次第に、器を含めて濃やかな季節感の表現などの趣向が盛り込まれるようになっていった。懐石は茶の湯の世界での料理であり、一般に広く行われていたものではなかった（一部の京料理にはその影響がみられたようである）。

昭和から平成にかけて活躍し、日本料理界の巨星とも言われた湯木貞一（一九〇一〜九七）は、二十九歳で吉兆の店を開業した。間口一間二分五厘の小さな店であった。後年になって、吉兆は日本料理界において最高峰の店との評価を得た。湯木は八十歳のときに、料理界で初めての紫綬褒章を受章し、さらに八十七歳で文化功労者の顕彰を受けた。これも料理界で初めてのことであった。

湯木が手がけた料理は、吉兆風と呼ばれた。それは、それまでの日本料理にはなかった料理として認識され、評価されての言葉であったといえる。

湯木は本膳料理に連なるいわゆる会席（宴会）料理を十代半ばから学んでいて、二十二、三歳頃には、日本料理の食材の知識や料理技法などを十分に会得していた。しかし、平板な会席料理のあり方に納得ができずに、料理をどのように捉えるべきかと悩む日々が続いていた。そうした時に、茶の湯の料理である懐石に出会い、初めて料理というものに希望と熱意を持つことができた。そして、自らが学んだ会席料理と懐石とを融合し、品格のある新しい日本料理を作り出すことを、生涯の目標とした。

懐石の素材・器・季節感などを大切にする考え方を、湯木は積極的に自らの料理に取り入れていった。そして、冷めても気にされないような料理ではなく、温かいものは温かくして出すという懐石のあり方を尊重した。また、季節感など茶の湯での趣向を、料理に盛り込むことにさまざまな工夫を重ねた。そのために古書を繙き、有職故実や古典文学を学び、茶会記や江戸時代の料理本を読み、また、絵画などの芸術にも親しむことに務めた。さらに意に適う新しい器を考案するなどして、料理演出の方法に工夫を凝らした。そうして湯木は、花鳥風月をはじめ文化・芸術・伝統行事など、日本文化の粋を趣向として取りいれた独自の料理の世界を構築していった。それは懐石の趣向の枠をはるかに越えた新たな試みであった。その料理は美味しいことは当然のこととして、盛りつけは洗錬された見た目にも美しいもので、湯木独自の感性によって生み出されたものであった。

吉兆風と呼ばれた湯木の料理は、特に戦後になって日本料理界に広まっていった。加えて、昭和五十三年（一九七八）に刊行された豪華本『吉兆』の影響によって、多くの日本料理店が吉兆風になった、と世間では言われた。

湯木は日本料理に深い愛情と誇りを持ち、「世界の名物　日本料理」の考え方を持っていたが、その考え方の奥に茶の湯があったことは確かなことである。茶事の風情と趣向が料理に生かされ、日本料理のあり方が大きく変わったのである。

近年、日本料理が世界の料理人から高い評価を受け注目を浴びている。それは湯木が信念としていた「世界の名物　日本料理」が実際のものとなりつつあるとも言え、湯木の長年の努力が力となり花開くことになったとも言えよう。

本書では、日本料理に生涯をかけた湯木の足跡を辿（たど）っていきたい。

生い立ちと「吉兆」

誕生から青年時代

湯木家のこと

湯木家は江戸時代、安芸国安芸郡矢野村（現在の広島市安芸区矢野西）という半農半漁の村で、正月屋という屋号で小さな回船問屋を営み、代々半七を名乗っていた。

明治時代になってのある正月、正月屋では苗字をどのようにするかと、家族が集まって考えていた。その時に、雪がちらちらと降ってきた。正月の三が日に降る雪は豊年の瑞兆であると考えられていたことから皆が手を打って喜び、この雪に因んだ名前が良いと湯木の字が当てられて、めでたく苗字が決まった。

また、湯木貞一の祖父辰平は明治維新の際に下級武士の家から養子に迎えられたが、仕事が思わしくなく、農閑期の十月頃に船に牡蠣と野菜や広島菜の漬物などを積んで兵庫まで運び、牡蠣船の仕事をしていた。

これらの湯木家の歴史と祖父辰平の話は、湯木貞一が幼い頃に祖母のため女から聞いたものという。

湯木家が苗字を決めたことについては、明治三年（一八七〇）九月、「平民の苗字公称許可」が明治政府から出され、さらに八年二月には「平民の苗字公称義務」となったことによる。これは租税徴収のための国民把握を目的としたものとされるが、これを機に日本国民は皆、苗字を持つこととなった。

矢野村は江戸時代から矢野浦として発達した港津であり、商港として栄えたが、牡蠣の養殖も江戸時代から盛んであった。矢野村を含む広島藩で養殖された牡蠣は大阪・兵庫や四国などの遠方にまで運ばれていた。『広島県矢野町史』によると、「享保元年（一七一六）正月、矢野の正月屋某が新造屋形を大坂川口に係留して牡蠣船営業を始めたのが、矢野の牡蠣船の初めと言い伝えられている。のち天明八年（一七八八）頃、孫半七は明石に係留して営業した」とある。この正月屋某、孫半七が湯木家の先祖の可能性があり、そうすれば、湯木家は早くも江戸時代から牡蠣船の営業もしていたことになる。

ちなみに、牡蠣船は十月頃から翌年の春の初め頃まで、大阪や堺・神戸などの港や河の橋のたもとで牡蠣料理を供したものである。昭和三十年頃まで続いていた冬の風物詩の一つであった。明治の頃は船に屋形を作り、油障子を建てた船内で男衆が給仕をしていた。大正時代に牡蠣船は全盛期を迎え、船の中に座敷が設けられ、給仕も女性が受け持つように変わっていった。船の乗り場の近くには四、五人の女子（割子）が並んで牡蠣を割ってショーのように見せていたという。ごく庶民的な食べ物であった。

中現長の店

湯木貞一の父・吾市（一八七二〜一九三七）は、辰平の五番目の息子（七人兄弟）で牡蠣船の仕事を手伝っていたが、船で寝起きする毎日と季節や天候に左右される不安定な生活を好まなかった。陸の上での落ち着いた仕事が良いと考えて、十三歳で神戸の元町で本現長という鶏鍋料理の店を営んでいた叔母夫婦を頼って料理修業を始めた。二十歳頃に暖簾分けで中現長の名前を貰ったが、さらにその後、東京の浅草田原町にある奴うなぎの榊原吉兵衛の元で鰻料理の修業を重ねた。そして、明治二十八年（一八九五）、二十三歳で神戸花隈の地で鶏と鰻と川魚を専門とする料理屋中現長を開業した。

その当時、湯木家の縁者には料理屋を営む者が多く、大阪松島橋の現長、大阪信濃橋のかき正、佐野屋橋の長水、堺市のかき豊があったという。

中現長の店は大いに繁盛して、大正の初め頃には三百坪の敷地を持ち、料理人と仲居がそれぞれ十五人くらいであったという。吾市は神戸中央部料理業組合長も務めるなどしており、大正十四年（一九二五）の『日本紳士録』には、「湯木吾市　中現長料理業　所得税九五二円、営業税二六二円」と記載されている。吾市は祭りの時などには店の前に菰樽を置いて近所の人や道行く人に酒を振舞うなど豪気な性格で、よく人の世話をし、よく働き、よく遊ぶ人であった。

誕生から少年へ

明治三十四年（一九〇一）五月二十六日、吾市と妻やゑ（一八七五〜一九五九）の間に男の子が生まれた。長男の貞一である。貞一が生まれて間もなくの七月十五日に、姉の定枝が数え年五歳の可愛い盛りに突然に亡くなったことから、両親は息子を文字通り眼に入れても痛くないというほどに大事にした。しかし、貞一は三歳まで無事に育つかどうかと医者に言われるほどの虚弱な体質であった。そのため、両親は店から五十メートルほど離れた所に二階家を借りて、大川セツという乳母を雇い入れ、大川によって四歳頃まで大切に育てられた。「大川さんには随分可愛がってもらい、私が大きくなってからも家に訪ねてきてくれました。そんな時、私が父と喧嘩して不在だと知ると、私が身を寄せていた親戚の家まで夜道を歩いて訪ねて来て涙を流してくれるような人でした」と、湯木は懐かしそうに話していた。

貞一は利発な少年に育ち、小学校では学校代表として神戸市長と会う機会もあったという。その頃の中現長は、毎年夏になると甲子園浜の海水浴場で掛け茶屋を営業していた。貞一少年はその店番などを手伝わされたが、人が遊んでいる時の仕事は辛く、忙しくて大変であったことから、子供心に大人になって働くなら別の仕事が良いと考えたりしたという。向学心が強く、中学校へ進学の希望を持っていたが、息子を料理屋の後継ぎとして考えていた父は、息子が早い時期から料理の修業を始めることを当然のことと考えていた。「料理屋に学問はいらん。それよりも料理の技を身につけることの方が大事だ」と、進学を許してくれなかった。仕方なく中学を諦めて尋常高等小学校に進んだ。尋常高等小学校の二年間は、担任であった藤野賢二先生から課外に大槻磐渓（おおつきばんけい）著『近古史談』で漢文、神田乃武（ないぶ）著のリーダーで英語を学んだ。湯木はそのことを晩年でもよく覚えていて、学べることが本当にうれしかった、と話していた。

やがて、数え年十六歳で料理修業を始めたが、そうした頃、店の使いで外に出かけたときなどに中学に通う友達の姿を見かけると物陰に隠れて見送り、うらやましいな勉強したいな、と痛切に思ったという。そうした様子を見た父が、見かねたのか一度だけ「今からでも中学に行くか」と言ったことがあった。しかし、貞一少年は、何を今更という気持ちから断った。そして、料理修業に明け暮れる日々を過ごすことになった。

料理修業はじめ

経営者の息子としての特別な計らいは全くなく、貞一少年は朝早くから調理場の床掃除や便所掃除、使い走りや、先輩の料理人たちの下駄を揃えたり風呂場で背中を流したり、という生活が始まった。一年中素足で、冬にはヒビやアカギレで痛いのが辛かったという。父は、息子が料理場から離れることがないようにと注意し、姿が見えないと「貞一は何処(どこ)へ行った」と、まるで敵(かたき)のように一日中口喧(くちやかま)しく厳しかった。ある時、疲れた様子に見えた父に「肩を揉(も)もうか、お父さん」と言うと、「さぼりたいのか」と怒られたという思い出がある。後年になって、「父がはじめから私を頼りにしていたということが、今になると、胸に痛いほどわかってきているのです。父の厳しさが、いまの私という人間を作るのに役立ったのです」と湯木は語っている（『吉兆味ばなし』四）。

その頃のことであるが、毎年冬になると、浅草の奴うなぎからべったら漬の樽(たる)が二丁ほど届いた。それを得意先の家へ届けるのが貞一少年の役目でもあったが、父は「昼に持って行ったら何にもならん」と言い、各家庭での朝食に間に合うようにまだ薄暗い六時から六時半頃の間に届けさせた。一週間ほどの期間で毎日五軒ほどを回ったという。このことは貞一少年に料理人として、また人間としても、先様に対する心遣いの大切さを教えるものとなった。晩年になっても、冬の到来とともに鮮明によみがえる記憶でもあった。

別に、二十代の頃の父の思い出がある。日頃厳しい父が、思いがけなく貞一が欲しがっていた外国製の高級時計を買ってくれたことがあった。それがある時無くなってしまった。それを聞いた父は、息子の不注意の置き忘れとして殊更にひどく怒った。そうすると、確かに探してもなかった場所に、いつの間にか時計が置かれていた。父のこの処置を見て、「知恵を働かすことと、寛容ということを教えられた」と湯木は話していた。

店の看板の一つであった鰻の捌き方は修行の早い段階で習得し、土用の丑の日には責任を持たされて二十二貫ほどの鰻を捌いていた。そうした土用の前には、無事に土用が過ごせますように、と必ず氏神様にお参りをした。湯木は幼い頃から父に連れられて、大阪生駒の聖天様（宝山寺）へ参詣をしていたが、そうした影響からであろうか、生涯を通じて神仏に対する信仰心が篤く、六十歳頃までは折々に夜を徹しての参籠も行っていた。湯木は、時代は進歩しているけれど人間の心は変わらない。自分の道について、また悔いのない人生を歩むために、神仏を信心して祈るべきである、という考え方を持っていた。そして、最晩年まで一日の終わりには、店内にある神仏に長い時間をかけてお参りするのを日課としていた。奈良東大寺をはじめ、大阪・京都など各地の神仏にも参詣を欠かさなかった。

悩める日々

そうして日を重ねている間に、貞一少年は、どうしても料理屋にならなければいけないのであれば一流の腕をもった料理人になろう、と考えるようになった。そして、料理の修業のために名人と言われる料理人を雇って欲しい。そうした人から一流の料理技術を学びたい、と父に頼んだ。父は大喜びでその願いを聞きいれ、当時、名人と評判の高かった料理人を順次、店に雇い入れてくれた。大名竹・台湾竹・我慢の亀さん、別に京都からの京為、などの通り名を持つ人たちであった。その中の大名竹は人力車に乗り、包丁簞笥(たんす)を膝の上に載せてやって来た。期待に満ちて待っていた貞一少年の忘れられない思い出の光景となった。料理人を大阪などから雇い入れたことを機に、中現長では沖もの（魚）も扱うようになった。

名人たちの指導を受け努力も重ねた末に、二十一歳で煮方(にかた)の責任を持たされ、厳格な父にも褒められるようになった。二十二、三歳頃には湯木の料理の腕はほとんど出来上がっていた。しかし、その一方で心は鬱々として晴れなかった。料理の技を手に入れるまではそれを目標に頑張ることが出来たが、それもほぼ手に入れると、次の目標が持てなかった。「自分の人生を掛ける仕事は果たして料理なのだろうか。料理屋は単に大根や人参など季節の素材に手を加えているだけに過ぎないのではないか。料理の何を捉えて拠り所とし、一生の目的とすれば良いのか」と、料理の真実を求め煩悶する日々が続いた。湯木の学んだ料理は、当時一般に行われていた会席（宴会）料理であったが、その平板な料理に湯木は魅力を感じることが出来なかったのである。

すでに十代の終わり頃にも、本当の自分の人生は何であろうか、との悩みを抱えていた。その頃、よく当たるという評判を聞き、枚岡神社（現東大阪市）の辻占を求めて出かけたりしたこともあった。そして、明瞭な目的があったわけではないが、厳しい父の元を離れたいとの思いで、東京に出奔する計画を立てたこともあった。しかし、結局、東京に行かなかったのは、生来の丈夫でない体質の故に加えて母の存在があった。家父長として強い権限を揮っていた父に、黙々と従っていた母を一人には出来ない、母を悲しませることは出来ないと考えたことが、その大きな要因であった。湯木は「母がいなかったら、吉兆の店もなかったと思う」と話していたが、母を思ってたびたび父と衝突していた。そして生涯、母を大切にした。

茶会記との出会い

　晴れない気持ちで日々を過ごしていたその頃、店にいた料理人の中に、大阪の魚岩という料理屋の甥にあたる松浦亮造という人がいた。松浦は湯木よりいくつか年長で、沢山の書物の知識を持ち、料理や日本文化などに造詣の深い人だった。湯木は松浦から、京都の由緒ある料理屋の瓢亭・わらじや・左阿弥・瓢樹などの話を聞いていたという。その松浦がある時、一冊の本を読むように勧めてくれた。

　その本には江戸後期の出雲松江藩主で、大名茶人として、また茶道具の収集でも有名な松平不昧（一七五一～一八一八）の茶会記が掲載されていた。茶の湯のことは全く知らず、茶道具のことも判らなかったが、中に料理が書いてある部分があった。湯木が初めて見る茶の湯の料理（懐石）であった。茶会記における料理の記載は、江戸時代も初めの頃はごく簡単であったが、江戸後期にもなると器も含めて詳細に記録されるようになっていた。その料理の文字を追っていくうちに、湯木は行間から溢れるような季節の彩りを感じ、目を奪われた。初めて見る茶の湯の料理には、日本の季節があると気付いた。その時、目から鱗が落ちるような気持がしたという。二十四歳の時だった。

「繊細な心を尽くして季節が表現されている。今まで学んできたのは単に美味しければ良いという料理だったが、それとは全く違う料理がある。茶の湯の料理と自分が今まで学んできた料理とを融合させて、品格のある新しい料理を作りだしたい。一生涯を尽しても悔いのない仕事にちがいない」と、弾けるような思いに体中が満たされた。この時、「心の窓が開いて青空が見えたような気がした」と湯木は話していた。湯木の中に充満していた力が、茶会記に出会って一瞬にして覚醒したということであろうか。湯木には茶会記から何かを受け取る力があったということだろう。

湯木は、「春夏秋冬の風情を日本料理の中に織りこめることに目覚めて、料理をする喜びを知ったわけです。その時から料理は楽しいものだと感じました」と語っている（『吉兆料理花伝』）。

松浦はこの後しばらくして三十歳余で病没した。湯木は兄とも思う松浦の野辺の送りで、「人生の無常というものを感じた」と話していたが、この松浦との出会いは湯木の人生に大きな影響を与えるものであった。

こうして、料理に一生を掛けるという人生の明確な目標が固まり、料理に対して積極的な気持ちで取り組むことが出来るようになった。長い間の悩みから解放され、料理をする楽しさが一気に高まり、店の休みの日には、人のいない調理場で季節感を盛り込む料理を考えては試行錯誤を繰り返すようになった。ちなみに、湯木が学んだ当時の料理屋の料理は宴会の添え物のような面があり、料理が冷めても気にされることはなかったし、単に旬（しゅん）の素材を料理していただけであったという。懐石に見られるような器を含めた繊細な季節感の表現などは一般の料理屋の料理にはなかったもので、「あくまで茶の湯の世界の料理であった」と湯木は話していた。

星岡茶寮と魯山人

やがて、湯木は二十八歳の九月に、父に内緒で上京する。当時、有名であった星岡茶寮（ほしがおかさりよう）の北大路魯山人（きたおおじろさんじん）（一八八三～一九五九）のもとで働きたいとの希望を持ってのことであった。魯山人は書・篆刻（てんこく）・陶芸などを極めたが、食通でもあり、大正十年（一九二一）に会員制の美食倶楽部を開いた。関東大震災後の大正十四年には赤坂山王において会員制の高級料亭星岡茶寮を開設した。風光明媚な約五百七十坪の敷地に建つ数寄屋（すきや）で、魯山人は自らの考える日本料理店を展開し、昭和十年（一九三五）には大阪豊中の志方勢七（しかたせいしち）邸において大阪星岡茶寮を開業した。星岡茶寮は一世を風靡（ふうび）した高級料理店であり、湯木も憧れを抱いていたのである。

堀留の鳥徳を頼って上京し、星岡茶寮に出入りをしている狸穴（まみあな）の食料品店の主人から、星岡茶寮の煮方をしている職人が近々退職するという話を聞き、それを頼りに二ヵ月ばかり就職の機会を待った。しかし、結局期待したようには話が進まず、魯山人に会う機会もなかった。仕方なく諦めて、人に紹介されて熱海の御用邸の裏にあった熱海花壇で働くこととなった。半年が過ぎたころ、大阪から親戚の湯木文太郎（父の従兄弟）が心配して迎えに来た。文太郎の強い勧めで一緒に神戸に帰ることになった。九月一日に上京し、翌年六月十日に帰神となり、十ヵ月足らずの関東滞在だった。

後年、魯山人と親しく交わるようになって、若き日のことを話すと、「それは大変残念なことをした。その頃に吉兆君に出会っていたら、どんなにか面白かったろうに。君の若さと僕の経験を戦わせてみたかった」と、大層残念がってくれたという。吉兆の高麗橋（こうらいばし）店や嵐山店を訪れた魯山人と二人で料理の話をすることは楽しいことであった。また、鎌倉の自邸の窯（かま）で制作した焼物を、何度か石炭箱などに詰めて送ってくれたことがあった。「料理における食器の存在は、人間における着物の存在でしょう。着物無しでは人間が生活出来ないように、料理も食器無しでは独立することは出来ません。食器は料理の着物だと言えます」と魯山人は話した。湯木が北鎌倉を訪問して、すき焼などを食べながら焼物談議をしたこともあったが、その時、魯山人は「焼物は見せるためではなく、良い料理を入れるために作る」と話していたという。

魯山人は一面、難しい気性であったことから、魯山人との付き合いを止めるように忠告する人もあったが、湯木は二人の間で嫌な思いをしたことが一度もなかったという。料理に携わる人間として、二人の間には相通じるものがあったのであろう。魯山人と湯木は「料理に品格を求め、温かくても冷たくても気にもされないような酒を主体とした宴会料理ではなく、料理を大事に、料理だけを目的に楽しんでいただけるような料理店でありたい」という点で共通した考えを持っていた。

ある日、湯木が購入したばかりの祥瑞蜜柑水指（明時代）を見せると、「これは神様が作ったものだ。物には神様が作ったものと、人間が作ったものとがある。神様は十倍しても値打ちがある」と教えてくれたという。また、魯山人は自然の風情を深く心に味わうことができる人で、嵐山店に泊まった時に嵐峡の筏流しを見て、日本にはまだこんないい風情が残っていると喜んでいたという。

湯木は赤坂と大阪と両方の星岡茶寮を何度か訪れているが、「魯山人の料理は金沢と京都の料理を合わせたものであった。魯山人はプロの料理人ではなかったが、優秀な職人を入れて、調理場の真ん中に座って指示をしていた。そして、当時に一般的であった宴会料理を排して、より料理を素朴にしようとする意図がはっきりとしていた」と話していた。

そして、「星岡茶寮は贅を尽くしたもので、魯山人の演出とデザインの見事な店で、その運営方法は若い頃の私の希望であった。明治の文明開化から今日までの料理の歴史の中で、星岡茶寮は一つのエポックだと思う。当時、誰も真似が出来た人はいない」と話していた。

「吉兆」開業

吉兆という名前

さて、神戸に戻った湯木に対して父は激しく怒った。見かねた親戚などの勧めもあって、中現長を出て独立することにした。

父はよく働く元気な人であったが、一方、女性をめぐっての問題もあり、湯木はおとなしい母が可哀想でならなかった。そのことで日頃から父とたびたび衝突を繰り返していた事情もあったので、父の援助は受けず、親戚から資金を借りる心積もりをして独立を決めた。母のやゑは「親戚から資金を借りたのでは、義理が残って一生頭が上がらないことになる」と心配をした。結局、開業資金の三千円は、中現長の客で湯木を子供の頃から可愛がってくれた松浦丹平が貸してくれることになった。松浦は神戸証券取引所の米穀や蚕糸（さんし）

の取引委員で、神戸市の市会議員を務め、多額納税者でもあった。湯木は借用した資金を三年ほどで返済したが、親しい付き合いはその後も続いた。戦後、松浦の社会的立場は大きく変化したが、湯木は以前と変わらずに松浦を食事に招いたりしていた。昭和二十四年六月の松浦の書状が残されているが、そこには「かず〱の美味なる御料理、今の私にはとても…」とある。

ついでながら、松浦の息子の卓は、青年期に藤田家の入札（一九三七年）で絵因果経（奈良時代）を、鴻池家の入札（一九四一年）で猿鶴蒔絵茶箱（室町時代）を手に入れたことで評判になった人である。現在、京都国立博物館にあるロダン作考える人も、かって卓が所持していたものであった。戦後、卓が事業の資金に充てるために美術品を手放したいとした時、湯木は親しくしていた古美術商古賀勝夫を仲立ちとして、絵因果経と猿鶴蒔絵茶箱を卓の言い値で購入している。これも開業の時の恩義を忘れなかったからであろう。茶会記などを見ると、その後も茶事に卓をたびたび招いている。

こうして開業資金の目途もたち、三日間ほど大阪の町を探して歩いて、店の場所も決まった。それでは店の名前を考えようと従兄弟たちが集まってくれた。大阪に縁のある名前にしようと、初めは大阪天満宮の天神祭に関係するものを考えたが、良い名前が思い浮かばず、次に今宮戎神社の一月十日に行われる十日戎はどうかということになった。その場に居合わせた須磨対水（一八六八～一九五五）という日本画家が「吉兆笹は？」と言い、皆でそれがいいと、「吉兆」の名前が決まった。今宮戎神社では「キッキョウ」というのが正式であるが、店の名は「きっちょう」と呼んだ。ちなみに、須磨対水は四条派の久保田桃水に学んだ画家で、当時の大阪では商家などに人気があり、美食家でもあった。

吉兆の店は、当時大阪でも賑やかだった新町（現在の大阪市西区新町）の近くにある宇和島橋を北に五十メートルのところに、新建の五軒の店舗が並んだ所があり、その南端であった。隣は寿司屋で、その向こうは鶏のすき焼屋（松月）であった。吉兆の店の間口は一間二分五厘（二メートル余）で奥行は六間の細長い、客が十人も入れば身動きもならないというほどに小さな店であった。

新町吉兆

昭和五年（一九三〇）十一月二十一日に開業した。店の表には白麻の暖簾をかけ、須磨対水に「御鯛茶処」と看板を書いてもらった。そして吉兆と書いた小さな行燈を掲げた。店内の天井には京都の和田卯で求めた朱塗の八方行燈を吊り、土間はセメントに筋目をつけて黒く塗り油拭きをして敷瓦風にした。テーブルは黒塗で縁は朱塗の爪紅とし、椅子も朱塗にして萌黄色の座布団を乗せた。内装には北山杉を使い、客席と調理場の間には小さな床を設け、風炉釜(ふろかま)を据えた。狭いながらも凝(こ)った造りで、茶室の雰囲気を持った店であったという。店内の黒・朱・萌黄というきっぱりとした色の取り合わせは、湯木が好んだ歌舞伎の定式幕(じょうしきまく)の色合いに似通う趣も感じられる。

限られた資金のゆえに食器なども思うようには出来なかったが、小坂屋や南海屋、細川といった当時上質の器を扱っていた店で、割れたり欠けたりして数が半端になったものを安く分けてもらうなど工夫して、ともかくも好みにあった食器を揃えた。店の奥の外庭には縄暖簾(なわのれん)を掛けた手洗いがあり、小用には爽やかな香りの杉の葉をたっぷりと入れた。こうして当時の大阪の街中にはなかったような洒落(しゃれ)たしつらいの店ができた。当時、高価であったという電話は開店後半年ほどしてようやく設置することができた。

調理場のカウンターの前に立つと、好みで整えた店内が見渡せ、後ろには好みの食器を並べた棚があり、そこで好きな料理ができる。なんと幸せなことだろう、と湯木は大層うれしかったという。そして、心ゆくまで料理をしたい、と思ったという。二十九歳の新たな出発であった。

晩年、湯木はこの開業について、馴染みのない場所での開業であり、「無我夢中でやっと開店にこぎ着けたという思いで、決して晴れがましいようなものではありませんでしたな」と話していた。開店の前には、京都四条の店で求めた朱塗の羅宇の煙管三本ずつを奉書に包んで熨斗をかけたものを持って挨拶に回った。その時のことを思い出して、「情けないものでしたな。家の裏の勝手口から入って挨拶しても、顔をこちらに向けもしないで『そこに置いとき』とだけ言われて、『店は何処らや』とも尋ねても貰えずにね。馴染がないということは悲しいことだと思った」と話していた。

店の料理は鯛茶が八十五銭、鯛の芋かけが七十五銭、お酒は一合十銭、他に日替わりの一品料理を黒板に書いて出した。突き出し（前菜）から最後の御飯までの一通りで三円ほどであった。一軒おいて隣の松月では一円の値段で銚子一本がついた食事ができ、夕方にはいつも行列が出来ていた。また、当時、大阪で格式のある料理屋であったつる家・灘萬・堺卯・花外楼などは八円ほどであったというから、吉兆の値段は新しい小さな店にしては高目であったようだ。湯木は高い値段になっても上質の美味しい料理を出したいとの気持ちが強かったのである。

開店前の十一月七日に結婚した妻きく（一九〇六～六一）と、手伝いの少年（後に「生尾」主人）との三人だけでの出発であった。きくは、湯木の五歳年下の従妹で、中現長の店を手伝い、よく気がつく人であった。湯木が歌舞伎見物に出かけた時には、蒲団を敷いて人が寝ているような形にしておき、歌舞伎嫌いの父親が「貞一は何処へ行ったのか」と聞いた時、「貞ぼんは風邪気で寝てはります」と言って、かばってくれる人であった。きくは生涯を通して、湯木のそばで湯木を助けた糟糠の妻であった。晩年になって、「店を大きくする秘密は」と問われたとき、湯木は「自分の店であったから料理に力を尽くせたこと。そして夫婦が力を合わせて働いたお陰でしょう。家内は私がしたいと思うことは、脇から懸命に支えてくれました。吉兆の半分は女房の功績です」と答えている。

開店した数日はほとんど客がなく、きくが近くの土佐堀のお稲荷さんや阿弥陀池（和光寺）に走って、どうぞお客様がありますように、とお参りするようなこともあった。最初の客は風呂帰りに立ち寄って湯豆腐でお酒を楽しんだ人だった。しかし、一週間ほどが過ぎた頃から、洒落た店だという評判が立つようになり、徐々に客が増えていった。

『吉兆録』

開業から一ヵ月余の昭和六年（一九三一）一月から六月にかけての『吉兆録』一冊が、幸いにも残されている。これは店に来た客がさまざまのことを書きつけた冊子で、その一端を見ると、「清正も吉兆の味にかぶとぬぎ　清正堂主人」、「吉兆を心にかけて帰るうれしさ　鳳正書」、「むめ（う）一輪なますの皿に点じける　左かき」、釣り人の絵に添えて「満潮閑釣是吉兆　星海生」、「ねむけよぶ茶釜の鳴りや春の昼」、「葉桜となれどかわらぬ鯛の味　淡海伊吹山麓夏人拝」、手付籠(てつきかご)と蛤(はまぐり)の絵に添えて「初夏の夜吉兆の酒に酔にけり　対水」、「瑞雲の棚引きにけり吉兆や　㊎」、「うまい味来た両名は吉兆味　紅波・一平合作」、達磨の絵に「達磨さん吉兆の味にお足出し　紅波」など、沢山の書き込みが続いている。大阪の喜劇王と言われた曾我廼家蝶六(そがのやちょうろく)（一八七八〜一九三七）の名前も見える。また、勘亭流(かんていりゅう)で書かれた「昭和六年水無月(みなづき)十日　客去又来客常充満浪花阿保四人連中」からは、開店して半年余りのこの頃には大いに繁昌していた様子を窺うことができる。そして、美味しい料理に満足した客の喜びが感じられる。

　開店当初の様子が嘘のような繁昌ぶりであるが、この新町時代の客には、品格のある美人画で知られる上村松園(うえむらしょうえん)がいつも高島屋の人と一緒に来店したのをはじめ、終生の友人となる大阪毎日新聞学芸部の高原慶三、恩人である朝日麦酒の山本為三郎(ためさぶろう)と日商岩井の高畑誠一、古美術商の児島嘉助(かすけ)、花道去風流(きょふうりゅう)の西川一草亭(いっそうてい)、陶芸家の八代白井半七など、湯木に大きな影響を与え、また援助や指導をして、長年に亘(わた)って湯木の大きな力となってくれた人たちがいた。

　また、忘れられないのが船場(せんば)の旦那衆である。横堀の材木問屋泉平(いずへい)の北尾平兵衛と堀江の質商福田平兵衛がその代表格であった。当時の船場の旦那衆は茶の湯を好む人が多かったが、北尾も福田も茶を嗜む人であった。

北尾は湯木が店の内装について相談していた時に、たまたま、柿なますの話をしたところ、「柿のなますは珍しい。えらい茶のある料理やな。秋にはもってこいの向付や」とひどく感心した。それ以来急速に親しくなり、店の番頭に京都の北山まで案内させてくれ、内装に良質の北山杉の丸太を使ってくれるなど、大層な肩入れをしてくれた。

福田とはやはり茶を通してお互いに共鳴するところがあり、料理好きであった福田の台所に急に助太刀を頼まれるようなこともあった。福田からは茶の心得なども教えてもらったという。ある時、吉兆の小さな店に竹田宮殿下が来ることがあった。その時、福田は「さあ、持って行きなさい」と、高価な燗鍋や盃などを貸してくれた。それを不注意で少し損じてしまったが、福田は「そないに気にせんでもええ。金で継いだら面白いものになるから、継いであんたにあげよう」と言ってくれるような人だった。

新町吉兆の評判

客に恵まれて吉兆は繁盛し、三年目には住まいにしていた二階の部屋も座敷とすることとなった。六畳と四畳半の二間であったが、六畳の床の脇には丸炉をしつらえた。この丸炉は、なにかの本で二つの丸炉がある茶立所の写真を見て、その風情がとても気に入っていた。二階の部屋を客間として改造するにあたって、どうしても本物を見たいと人づてを得て京都の相国寺に大工と一緒に行き、丸炉を見せてもらった。そして六畳間の床脇に一尺足らずの腰板を張り、その上方に半紙間の障子をはめ、丸炉一つをしつらえた。本来、丸炉は水屋や茶室の次の間に設けて控えの釜を掛けるものであるが、丸炉の風情は湯木の好みに叶ったようで、後の高麗橋店でも二つの部屋にしつらえている。この丸炉の一件からも、何事も納得がいくまで調べるという、湯木の性格の一端を窺うことができる。

当時、湯木は招かれてきた客が、美味しかったと言ってもうれしく思えず、「招いた側の客に、お味はいかがでしたか。本当に美味しかったですか、と追いかけて尋ねてみたい衝動に何度もかられた」と話していた。お金を払ってくれた人からのお世辞抜きの正直な評価と感想を聞きたかったのである。

客からは教わることも多かったという。湯木は「他人様の眼を有難いと思って反省し、また工夫もした。商売はお金よりもむしろ、いいお客さまに恵まれることが大事です」と話していた。良い客に恵まれたのは、湯木の料理に対する熱意と、人の意見に耳を傾ける謙虚さと素直さを持ち合わせていたことにもよるのであろう。

また、不思議な出来事もあった。開店して二年ほど過ぎた頃であったが、見知らぬ老人が突然店に入ってきて、「お店の名前の吉兆の吉の字は士の下に口ではなくて、土に口がよろしいものです。理屈がどうというのではなく、唯々、土に口がいいのです。どうぞ聞いておいてください」と言って立ち去ったことがあった。不思議な人だとその時は思ったが、次第に土に口の字を使うようになった。「おかしなことですな」と湯木は笑って話していたが、末広がりになるこの字を気に入っていた。

この当時の吉兆の様子を書いた本がある。

「宇和島橋の北詰を半丁程北に入ると吉兆といふ、小さい行燈を出してゐる小料理屋がある。（中略）私の驚いたのはこの鱧の鉄造りであった。鱧をあれ程薄くして然かも堅く締った肉は珍らしい出来、ポン酢もよいが私はほんとうのふぐではないかと思った位だ。ゑびの磯焼は美しい料理だが美味く感じなかった。それよりも八幡巻が上等だ。新ごぼうを巻いた鰻は焼いて蒸してあったがすばらしい味を持ってゐた。自然石の便所も面白いが小用の便器に杉の青葉を入れてあるのも大阪では珍しい。多分、京の瓢亭かわらじや辺で見て来たのだろう。腰掛料理屋では大阪一のクラシカルな家、だが何といっても表を通っても見逃す程の小さな家、従って中も狭いので十人も入れば満員というのが難」（阪木洋二『食道楽』）。また、三菱財閥の中心人物として活躍した岩崎小弥太（一八七九～一九四五）が、「日本一の小さい料理屋で、日本一の美味しい料理屋」と話したと、高原慶三が書いている（『茶道雑誌』）。大阪の郷土史家米谷修は、「小さな店だったけれど、きわ立った存在でしたね。宝楽焼というのですか、素焼きの皿に松葉を敷いて、その上に海老、松茸、野菜などが焼いてあるのです。同じ一品料理でも他所とちょっと違って工夫がこらしてありました」と語っている（『大阪新聞』）。

父との和解

店の評判は父の吾市にも届いていたのであろう。昭和十一年（一九三六）頃、組合の宴会の帰りだと言って、吾市がふらりと店を訪ねてきた。その後も何度か店を訪れ、ある時、湯木に「家族として申し訳なかった」と言った。そして、妻やゑにも「勝手をした」と詫びを言った。そうして父との長い間の確執がほぐれ、和解することができた。ほどなくして吾市は病の床に伏した。薬を飲もうとしないと聞いて、湯木が中現長の店に訪ねて行って、「薬は飲んでもらわないと」と言うと、「そういうなら飲むか」と素直に聞いてくれた。湯木は人を介して大阪大学の医師に往診を頼むなど手を尽くしたが、昭和十二年五月に逝去した。「父に対しては色々の思いがありますけれど、和解が出来た後で良かった。和解を人生の一つの幸せだと思っています」と湯木は話していた。吾市はその後の吉兆を見ることは叶わなかったが、息子の将来を明るいものと安心していただろうことは想像に難くない。

母やゑは、晩年は京都の嵐山店で穏やかに過ごした。嵐山店でのやゑは、「この店を貞一から預かっています」と言い、湯木が不在のときは客に出す料理のすべてに目を通していたという。そうした母について、「嵐山の店の囲炉裏に座っているだけで、店が引き締まるような偉い人でした。母は父の二号さんの食事まで黙って世話したりして、本当に偉い人でした」と湯木はしみじみと話していた。

湯木は、昭和三十年頃に洋画家の小磯良平（一九〇三〜八八）に、母の肖像画を描いてもらっている（この当時、阪神間の人たちの間で小磯に肖像画を描いてもらうのが流行っていたという。多くの肖像画が残されている）。嵐山店の二階で描かれた肖像画を湯木は大切にしていた。昭和六十二年七月、湯木美術館の建物の竣工披露の日、湯木の指示でその肖像画が館長室に掛けられた。その時、湯木は「今後、この絵をこの場所から絶対動かすことはないように」と指示した。そして、現在も変わらずに同じ場所に飾られている。

吉兆の店は急な勢いで発展していた。その頃、まだ幼かった長女照子（東京吉兆女将）は、「ともかくも忙しくて人手が足りないことが多く、幼い私は仕事の邪魔になると、座った椅子ごと店の柱に紐で結えられたりしたこともありました。今では笑い話のようなことですけどね」と幼い頃の思い出を話している。年々、料理場の料理人の数も増えて、やがて店の外周りには、注文を受けて料理を届けるための仕出し用の箱を三、四十ほども積み上げるようになり、店は手狭でどうしようもならなくなってきた。そうして店を移転することとなった。

晩年、湯木はこの新町時代を振り返って、「この時が人生の華であり、私の人生の中で一番幸せな時でした。そして、お金よりも心ゆくまで仕事がしたいというのが、その時の偽(いつわ)らざる気持ちでした」と懐かしさをこめて話していた。

畳屋町吉兆

新しい店

昭和十二年（一九三七）十一月二十三日、畳屋町に移転開業した。吉兆の看板を掲げて七年目のことであった。この十二年五月に大阪の北と南を結ぶ御堂筋が完成したが、その御堂筋から東へ一筋目が心斎橋筋、その次の筋が畳屋町筋であった。吉兆の店の隣は、小大丸（こだいまる）という老舗（しにせ）の呉服屋だった。

新しい店は間口三間、奥行三十間の箸紙のように細長くて大きな店であった。客室は新しく造った茶室を入れて九間もあった。店の入口を入ってすぐ右の所に、大黒庵写しの三畳台目の茶室を建て、茶室の蹲（つくばい）のそばには燈籠（とうろう）も置いた。その奥に玄関があり、通り庭が奥までずっと続いて、その一番奥が調理場であった。また、廊下の突き当りの庭には黒塗桶の風呂を据えて芝垣で囲い、その傍らに大きな日傘を立てた。この風呂は実際には使ったことはないという。これは室町時代中期から末期にかけて盛んであったという淋汗茶の湯（風呂を伴った茶寄合）の趣向を取り入れたもので、風情を醸し出すための演出であったと思われる。二十代の頃から茶の湯に傾倒していた湯木が、新しい店に茶の湯の趣を添えたいと考えてのことであろう。店の表の軒には古風なガス燈があり、犬矢来が廻らされた瀟洒な店構えであった。二階にあがる階段は箱段梯子で近松の舞台の趣があったという、湯木はこの店をとても気に入っていた。昭和二十年三月に戦災で焼失してしまったが、大阪のアマチュア画家として活躍した堀虎造が、戦後に描いた絵によって当時の玄関の風情を偲ぶことができる（現在、東京吉兆の西洋銀座店にある）。

さて、準備万端を整えて開業したが、新しい場所での営業は順調には進まなかった。新町の店はそのままにして留守番を置き、移転を知らずに来た客を案内するように配慮もしたが、わざわざ足を運ぶ人も少なく、客足は減ってしまった。急に規模を拡大した店の経営は軌道に乗らず、資金繰りに青ざめるような状態であった。「今から思っても、経営の一番苦しい時期は畳屋町に移転したときでしたな」と湯木は話していた。しかし、三、四ヵ月もすると少しずつ客が増えてきて、次第に店は忙しく繁盛するようになった。

そして、昭和十四年（一九三九）十二月には店を株式会社とした。湯木は料理の値段を妻きくに任せていたほどに経営面は得手ではなかったが、その頃に会計顧問をしていた高田という人の勧めによるものであったという。当時、料理店で株式会社化したのは珍しいことであった。

畳屋町吉兆の料理風景

同じ昭和十四年に、吉兆の料理とそれに合わせて詠んだ俳句を書きとめた文章が残されている（『同人』）。それには当時の吉兆の様子を窺うことができる。筆者の橋本雪後（金三郎カ）は心斎橋にあった茶舗川口軒の主人で、青木月斗門下の俳人であり、また茶の湯を嗜む数寄者でもあった。別に『茶趣』という著書もある。

春の夕、格子に朧ろの影をつくり、淡月、茶旗のはためきを地に印せる、畳屋町吉兆子の門を訪れたるは、あるじ得意の包丁に、春の茶料理を味はんがためなり、吉兆子、風格恬淡によく俳を解し、茶を解す、而してその包丁又すぐれて冴えたり、一肴出でゝ箸を上ぐる毎に、われ駄俳を以て応酬する所以、蓋し清娯を同気に求むるとやいはん。

○牀（床）　中西炑（秋）石筆　筍と豆　ほそもの（細物）

句　早きもの豆と筍絵となりぬ

○花　都わすれ・貝母（ばいも）　器古備前（こびぜん）

句　貝母と挿（さ）す都忘れや春の夕

○膳　朱一閑（いっかん）　竹の皮包裏銀　思うに光琳の趣向を利かせたるもの、野游（遊）の心平（か）

小蝦（えび）・いか・つくし・小鮎すし

句　野游や光琳偲（しの）ぶ竹の皮

○玉子酒　味に甘酒をきかせたり　器永楽（えいらく）

句　花の冷玉子酒とは気が利きぬ

○飯（い）ゐ蒸し　ほぐしたる蟹を秘めたり　器半七

句　飯むしや蟹が肥え来し春の闇

○田楽　器飛騨春慶（ひだしゅんけい）　木の芽の緑と春慶の黄と、見る目いと麗はし

句　串ぬいて木の芽田楽崩しけり

○刺身　鯛・生鱧（なまはも）・ぼうふ（防風）　器永楽雲錦（うんきん）

句　桜鯛雲錦とこそはねつらん

○菓子椀　筍・餅麩（もちふ）・鳥たゝき・花漬山椒（さんしょう）　花漬塩をぬきたるいふばかりなく味長し

句　筍や西山さくらいまだしき
句　塩ぬいて花づけ淡きかすみとも

○炮烙蒸し　大鰈・伊勢蝦　器平七
句　長閑けきは炮烙むしのかれひかな

○蕨飯　器倣祥瑞
句　山住の法師食らふやわらび飯

酒杯に初代竹泉、楽吉左衛門なんどを啣みしは望外の喜びなりけり。

同じ著者がまた書いている。

明治の面影を残せる瓦斯燈に、古き書風の文字「吉兆」も床しく、一竿の竹に旗ひらめかせて、『もめん随筆』の筆者（注・森田たま）が一生一度住ひたしと憧憬せる畳屋町に、わびの茶料理を行ひすませる、吉兆子のあるじこそ、世にこゝろにくゝも羨しきたぐひの人ならめ、一夕玄関に案内を請ふ、若き女の童の導きたるは、台目三畳の小間なり、楚々たる藁壁に囲まれゐるこゝち、既に清閑、茶の境地なり、牀(床)は通村の和歌「残菊匂　色はさもうつろひながらませ(籬)の内の霜にも匂ふしら菊の花」をかけたり柱の花器に加茂ほんなみ（本阿弥）に谷桑をあしらひたる、いとうれし、四方盆に村さめ（雨）の出しは、京に遊びての帰るさとて、感興わきて深かりけり。

　谷桑にしぐれ時なり京戻り

　（料理献立略）

最後に薄茶出でぬ、吉兆子、器を選ぶの人、永楽あり、吉左衛門あり、陶哉あり、倣祥瑞あり、わきて半七を愛する多きを見ても、風格しかすがにしぬばるゝなり、乃ち薄茶々碗半七な（り）ければ

　都鳥に窯のけむりや十二月

と吟じて辞しぬ、眼福、味福無尽蔵なりしと喜びし一夜、これを吉兆子に伝ふるとてかくなん（『今様つれづれ草』）。

　橋本雪後の文章には、吉兆の店のたたずまいや料理・器まで活写されていて、季節感の横溢する献立に、さまざまの器が使われているのが判る。湯木は新町時代から上質な器を用い、千家十職（千家の茶道具を作る十職の家柄）である永楽善五郎の器なども使っていた。新町店の頃、永楽と知り合った折に、「大阪にある小さな店が私共の器を使われていると聞いていましたが貴方でしたか、と言われたことがあった」と、楽しそうに話してい

きてくれたという。

た。畳屋町店開業の折には、永楽に仁清写しの雲錦重ね弁当三十と祥瑞中大皿三十などを依頼した。その時は、永楽が贔屓にしていた大和錦という四股名をもつ相撲取りが運んできてくれたという。

吉兆のしつらい

湯木が料理の器と共に、部屋のしつらいにも心をかけていたことは、橋本の文章からも窺われるが、昭和十七年正月の記録が小冊子に残されているので、それを記してみよう（これはあくまでその年のその月の基本形であり、お客様やその日の集まりの主題によって変化があることは言うまでもない。戦災で献立帳など諸記録が失われているが、前出の『吉兆録』と共に辛うじて残った冊子である）。

ふくろの間　掛物　横物・繞雲峰　清巌筆
　花入　瑞の坊竹花入（直斎書付）　上　柳、下　椿・水仙
　三宝　もり米・榧・柿・かちぐり・みかん
　置物　ぶりぶり

たなの間　掛物　横物・日の出図　竹堂筆
　花入　青竹　椿・掛け柳
　書院　かつら盆　こうねんき

人形の間　掛物　絵入り文　近松門左衛門筆
花入　青竹　椿・かけ柳
三宝　若松三宝に伊勢のし・亀おさえ
棚　保全作扇面
置物　かるた箱

ちの輪の間　掛物　雛鶴の図　一蕙筆
花入　青竹　椿・かけ柳

かぎの間　掛物　日の出鷹　北斎筆
花入　青竹　椿・ふり柳
三宝　黒　俵のし

子(ね)の日の間　掛物　しめ飾りの図　清暉筆
花入　青竹　梅・ふり柳
三宝　伊勢熨斗(のし)・玉のしおさえ　浄益作
棚　てまり・羽ほうき

たわらの間　掛物　元旦試筆　光広筆

花入　青竹　かけ柳
三宝　たわらのし
時代高台寺蒔絵手焙り

のしの間　掛物　雪中梅　抱一筆
花入　青竹　かけ柳
三宝　朱　俵のし
ふくさ　新渡扇之馬之絵

枡の間　掛物　俳画　元日や家にゆずりの太刀はかむ　呉春筆
花入　伊賀　巻柳
吊り蓬莱
おきもの　羽子板

正月のことであり、花入や花、三宝など各部屋は似たようなしつらいで、掛物は大徳寺の清巌宗渭の一行や烏丸光広の和歌の他は、華やかな雰囲気を持つ絵画である。酒井抱一・呉春・浮田一蕙・横山清暉・岸竹堂など一級の画家の作品が用いられている。

この掛物に対する心入れは小さな店であった新町時代からのことである。その様子は、昭和九年当時の吉兆を描いた次の文章からも窺うことが出来る。

　器物といへば、新町の吉兆は今、器物に凝つてゐる最中らしく、信楽・常滑・備前の向付など大渋なうちに、輪島塗ながら会津うつしの煮物椀などに一脈の絢爛味を添へ、それでゐて、床の懸物は料理屋らしくない大徳寺や天龍寺、又消息物など渋いところをねらつてゐる。小さい家ながら茶のある点でこれも心憎きもの（棠雨閑人『食通』第八号）

懐石文学の献立

　こうした店の経営の一方で、湯木は畳屋町へ移転の前年の昭和十一年に、懐石文学のテーマのもとに十二ヵ月の懐石の献立を発表している（『茶道全集』巻七）。この懐石文学の語は、高原慶三が茶事で供される懐石には、料理そのものが呼びかけるものがなくてはならないとして、それには文学的連想と形容の美が必要であると考え出した造語である。高原はその造語に適う十二ヵ月の懐石献立の作成を、湯木に依頼したのであった。

　湯木は若い頃から読書を好み、七十歳過ぎまでは移動中の車の中でも活字を追っていたという読書家であったが、この献立作成の際には、古書を繙いて有職故実や古典文学などの勉強をするなど熱心に取り組み、献立を練り上げた。この時、湯木は献立を組み立てた

だけでなく、特に向付にこだわりを見せ、各月に用いる向付の器を指定している。簡単にその向付の内容を記すと、

一月　青竹、鮭なます和え・芽かんぞ／二月　南蛮壺、鯉の刺身・このわた／三月　南京赤絵皿、きすご酢にしめて・芽かんぞ・白酒／四月　九谷焼長皿、鯛糸切春日あえ・いり酒／五月　長入作兜皿、鰉細つくり・岩茸・わさび・いり酒酢／六月　古染付葉形、ずいき蜆味噌和え・ふり青紫蘇／七月　常滑杢鉢、酸ぬき梅干砂糖かけて／八月　吉左衛門作百合の花、川蝦あらい・加賀の板わらび・青紫蘇／九月　萩焼編笠形、鮎うるかあえ二杯酢／十月　織部寄せ向、秋鰹松の葉いぶしうす霜切重ね／十一月　乾山竜田川深向、柿なます／十二月　祥瑞詩入皿、葉つき橙一つ、海鼠・このわたを入れて

各月とも、この向付に汁・煮物椀・焼物・吸物・八寸・強肴・香物と続く献立で、高原による解説が付けられている。解説の中で高原は、湯木の料理献立に対する思い入れについても触れている。若き日の湯木の料理に対する姿勢が窺われ、興味深いものがある。

ちなみに、『茶道全集』十五巻（創元社）は、昭和六、七年頃から茶の湯関係の書籍が次々と出版されていた茶書ブームの集大成とも言われるものである。その編集委員は井口

海仙・西堀一三・堀口捨巳・末宗広らの八人で、高原はその中の一人であった。高原の要請を受け、当時を代表する茶の湯者や数寄者等に伍してその一角に参加したことは、三十五歳の湯木にとって大きな幸いであったといえよう。

さらに、昭和十四年に、湯木は重ねての依頼を受けて献立を発表している。「献立当座帳」のタイトルで夏の献立と簡単な調理法を記しているが、その中で、それぞれの料理にあわせた器を記載している。向付には古渡りギヤマン、汁には古染付小茶碗、飯には備前か南蛮の皿（飯は蓮葉にもち米を包んだもの）、焚き合わせには青磁、やきものは志野大皿などである。このように、献立と共に料理に合わせる器を記述することは、当時としては珍しいことであった。湯木が、料理にはそれにふさわしい器が大事と考えていたことが窺われる。

親友高原慶三

昭和十五年の『茶道月報』一月号に「茶料理と器物」というテーマの対談が掲載されている。濱本とし子（後に宗俊。裏千家業躰／一九一〇〜八六）が司会役となり、高原慶三・河合幸七郎（宗那・河合ダンス）・八代白井半七（陶芸家）・湯木要造（湯木の義弟・中現長主人）・湯木が出席者であった。その席で湯木は、十二カ月に用いる向付の器についての考えを披露している。正月用の折敷について問われて、山崎折敷を工夫することやさまざまの趣向についても語っている。濱本は湯木に対して、「お宅は御趣向でなさるから」、「羽子板の折敷でよばれたことがあります」などと話している。当時から季節感を生かした趣向が吉兆料理の特徴の一つであったことを窺うことができる。湯木は松平不昧の茶会記にある懐石の記録に、季節の彩りを観取して眼から鱗が落ちる思いをしたのであったが、この頃には、懐石の季節感と共に趣向の楽しみを見出し、積極的に料理に生かしていたことが窺われる。

若い湯木に発表の場を与えてくれた高原慶三（一八九三〜一九七五）は、当時、大阪毎日新聞社学芸部副部長の職にあり、戦後は神戸にある白鶴美術館の主事を務めた。慶応大学在学中から古典芸能に親しみ、茶の湯にも造詣が深く、優れた見識を持つ人だった。高原には数々の著書があるが、その代表的なものが『茶杓三百選』（全四冊。河原書店）で、茶杓博士とも呼ばれ、杓庵と号した。また、『京洛舌修行』の著書もある食通でもある。新町の店へ大阪毎日新聞社の写真部長であった北尾鐐之助と一緒に来店したのが、最初の出会いであった。湯木より八歳年上で、まだ駆け出しの料理人であった湯木を引き立ててくれ、さまざまの教示もしてくれた人であった。『茶道月報』での対談もおそらくは高原の推挙によるものであろう。湯木の料理や茶事、そして湯木の所持する道具などについての高原の軽妙な文章が茶の湯関係の雑誌などにも多く見られ、私用の冊子や書状もたくさん残されている。高原が昭和五十年十二月二十九日に亡くなるまで、二人は茶の湯と料理を共に味わい楽しんだ。

　高原が逝去した翌月の一月十六日、京都知恩院山内の先求院で行われた高原の告別式では、作家の井上靖（一九〇七〜一九九一／大阪毎日新聞社で高原の部下であった）が葬儀委員長となり、その弔辞を友人代表の湯木が代読した。そして、湯木は追善の茶席を設けて、沢庵宗彭筆の夢一字を掛け青磁獅子蓋井戸香炉を置いて、参列の人々に抹茶を呈した。高原に対する深い惜別の念からであった。

　晩年になっても、何事かがあると「杓庵さんがいてたらなぁ」と、友を想っていた。打てば響く、かけがえのない友であった。

戦争の影

　畳屋町での営業は順調に推移していた。しかし、時代は大きく動いていた。昭和十二年七月に日中戦争、昭和十四年九月に第二次世界大戦、そして、昭和十六年十二月八日には長きに亘る太平洋戦争が始まった。

　戦局は昭和十七年中頃までは大きな戦果を挙げたとの報道がなされていたが、十九年ともなると、一般国民の眼から見てもその敗色が濃く感じられるようになってきていた。すでに十八年十月には文科系学生・生徒の徴兵猶予が停止され、十二月には学徒出陣があり、徴兵適齢が一年引き下げられて十九歳となった（翌十九年には十七歳に）。十九年四月には特攻兵器としての人間魚雷（回天）が遂行され、八月には国民総武装（竹槍訓練など）が行われるようになり、集団学童疎開が始まった。

そして、昭和十九年二月二十五日には「決戦非常措置要綱（十五項目）」が決定された。その中の「高級享楽の停止に関する具体的要綱」によって三月五日から全国一斉に、高級歓楽場などの廃止と共に高級料理店の営業が停止されることになった。この時、関西では大阪歌舞伎座・京都南座・宝塚大劇場・神戸松竹劇場などが休止となった。

当時、大阪府知事であった河原田稼吉（一八八六〜一九五五）は、「いつか戦争が終わった時には屋台などはすぐに復活するだろうけれど、座敷料理は難しいことになるだろう。この戦争で大阪の日本料理が滅んでしまったら時の知事として責任がある。座敷料理は是非共残しておきたい」と考えた。そして、座敷料理の技術等を保持するためとして、吉兆と江戸堀のつる市に対して営業許可を出した。

ちなみに、昭和十五年には「奢侈品等製造販売制限規則」が施行され、京都の西陣などでは高級染織品の取引が禁止された。そのとき、京都府は、戦争に勝っても文化が滅ぶようでは困る、と特殊技術と伝統技術を守る大切さを政府に訴えている。その結果、限られた範囲内での製造が認められるようになったという。これは一端であろうが、この時期、文化の存続を願う動きがあったことが知られる。

こうして店の営業は続けられたが、時局柄贅沢は禁止ということで、料理の値段は三円五十銭に決められた。その頃の吉兆は十円くらいの値段であったから、大変なことだと思ったが仕方がなかった。規則に従って営業を始めると、お客の中には三円五十銭のほかに鶏一羽や米一升を持ってきてくれたり、黙って十円を置いていく人もあった。湯木はお客様の有難さをつくづくと感じたという。

そうして一年が過ぎた昭和二十年三月十三日の深夜から翌十四日の未明にかけて、大阪大空襲があった。約二百七十機のＢ29が飛襲して約五十万人が被災したと記録に残る。聖徳太子創建の四天王寺をはじめとして大阪市中の大半が焼失した。吉兆の店も焼失し、掛物や食器など店で使っていたすべての道具を失うことになった。

十四日の朝には火はほぼ鎮まったが、店は跡形もなかった。幸い土蔵が残っていて喜んだが、その中は蒸焼きのようになっていて、品物はすべて使いものにならなかった。また、庭の一角を掘り下げて食器などの陶磁器を置き、鉄板を被せて土を乗せておいたが、これも熱によってすべて割れていた。

「薄煙りのたつ跡地に呆然として立っていると、半七さんがやって来て、吉兆さんの気持が判るよと言い、自分のことのようにあーあーと泣いてくれたのが忘れられません」と湯木はその時のことを話した。

陶工白井半七

この八代白井半七（一八九八〜一九四九）は、父の七代半七と共に、大正十二年（一九二三）の関東大震災を体験していたのである。八代半七とは新町時代に、ある茶会で一緒になったのが出会いの初めであった。白井家は江戸浅草の近くの今戸焼の陶工であった。七代の時に、表千家十一代碌々斎に引き立てられ、関東大震災を機に小林一三や小西新右衛門（小西酒造）の招きで、兵庫県伊丹市に窯を移した。その後、八代の時に宝塚市に移転している。八代半七は乾山写しや色絵の茶碗・鉢などを得意とした名工であった。

湯木は所持する道具の写しや新たに考えた器の制作など数多くの器を依頼していた。半七の作品の構想や注文などを書きとめた小冊子（戦後の短い期間のもの）に、「吉兆氏に宝六（焙烙）四十程素焼ヤキ〆の注文をきき、九・十・十一と無理をして制作、十二日納品す。以来、カタの痛み強く静養す（昭和二十一年一月）」の個所が見える。これは後に述べる平野町店の開業準備のためのものと思われるが、半七が湯木の再出発のために無理をして器を焼いていたことが窺われる。

　半七はまた茶の湯に造詣が深く、茶道は人間の道である、との考えを持ち、湯木にとっては茶の湯と道具についての良き先達（せんだつ）であった。「半七さんは、お茶というものはこういうものだ。侘びの尊さを十分に認識しなければいけないということを、懸命に教えてくれました。当時は比較的安かった道具を買えるように算段してくれ、手に入れることができると、自分のことのように喜んでくれる人でした」と湯木は語っている。

　昭和二十四年三月に、半七が思いがけず逝去した。湯木は百ヵ日が過ぎた七月に、半七会のメンバーの小林一三や古賀勝夫らと共に窯の存続について相談をしている。また、一周忌には、白井半七追福茶会として追善の茶席を設けている。その後は、九代半七（一九二八～八七／窯は三田市）に器の制作を依頼した。九代半七は吉兆東京店で個展を開いたりもしていたが、昭和六十二年に急逝した。

　戦災から七年後の昭和二十七年の献立帳の中に、湯木が大阪大空襲のことを思い出して書きつけた箇所がある。「昭和二十年三月末日、たたみ屋町焼け跡に立ちて東に生駒かつらぎ（葛城）山脈、西には摩耶（まや）六甲山脈を見渡し、我半生と言わむか、当時四十五歳（数え年）にしてほとんど神戸大阪の店舗を戦災す」とある。

この神戸というのは生家の中現長のことで、湯木は父の亡き後に店を継いだ義妹夫妻の指導援助をしていたが、その店も畳屋町店が被災した数日後の十七日に神戸大空襲で焼失してしまった。焼け跡に立ち尽くして茫漠（ぼうばく）とした思いに捉われていたであろう湯木の姿が想われるが、当時の心境について、湯木は「その時の苦しさ、わびしさは言語に絶した」と話していた。

大きな飛躍

戦後の歩み

風情のあるたたずまいであったという畳屋町の店を失い、先の見通しも立たなかった。仕方がないので、湯木は自宅で仕事をすることにした。

芦屋松之内町

自宅は昭和十六年（一九四一）に芦屋で求めたものであった。昭和十二年に畳屋町に転居した後に、子供たちが風邪を引きやすく体調を崩すことが多くなり、三歳と一歳の幼子を相次いで亡くした。自身が青年期まで丈夫な質（たち）ではなかった湯木は心配でならなかった。ここらは空気が悪いから子供たちには良くないよ、と忠告してくれる人もいて、湯木は空気がきれいといわれた芦屋の地に借家を探して子供たちを住まわせた。後に空地を求めて家を建てたのが松之内町の家だった。

湯木は、その新しい家の庭に渋柿の木を五本植えたという。「普通なら子供たちのために甘柿を植えるのでしょうが、渋柿は紅葉した照り葉が美しいので植えたのです。どこまでも料理屋だと思いますな」と笑って話していた。昨今では珍しいことではないが、湯木は、紅葉や枯葉には日本の美があるとして、当時から渋柿の照り葉などを料理のあしらいとして使っていたのである。また、その家で井戸を掘ったところ、水質がよくてうれしかったという。

この家は子供たちのために建てたものであったが、近所には茶の湯を好む人が多く、阪急電鉄の創業者である小林一三（いちぞう）が、戯（たわむ）れに茶道小路と呼んだという。湯木には誠に居心地の良い住まいであった。西隣には松浦卓がいて、東へ一軒おいての隣には表千家の丹羽陸夫の家があった。丹羽は表千家家元の懐刀とも言われたという茶人で、新町時代からの客でもあった。茶の湯と共に美術工芸に対する見識が高く、湯木は丹羽から多くのことを学んだ。

また、近くの六麓荘（ろくろくそう）には著名な耳鼻科病院院長夫人である加藤春代の住まいがあった。武者小路千家の茶を嗜（たしな）む人で、花道は当時名流婦人たちの間で人気の高かった去風流（きよふうりゅう）を学んでいた。加藤は新町時代からの客で、よく茶事を催していたが、懐石はいつも湯木に注文を出した。湯木は美味しい料理を出したいという一念から、時間ぎりぎりまで準備に手を掛けて遅くなり、時間厳守が大切な懐石の時間に遅れることがあった。しかし、加藤はいつも穏やかで怒ることはなかったという。

湯木が時間に遅れることについては、「お懐石は吉兆の御自慢申し分なけれど、不相変時間のズボラに主人をしていらいらせしむるは誠に悪い癖とて……」（『大乗茶道記』）と、小林一三が書いていることからもたびたびのことであったのだろう。湯木は加藤から「茶料理の約束事と日本座敷の活花の大切さ、茶の心についてなど教えてもらったことが沢山にあった」と話していたが、湯木の茶会記には加藤の名前がたびたび見られる。

この加藤を介して、湯木は去風流七世家元であった西川一草亭（一八七八～一九三八）と知りあっている。一草亭は文学・美術・建築などを好み、茶道にも通じ、日本伝統文化研究誌『瓶史』を主宰発行し、上流知識者層を中心に支持を得ていた。

弟の画家津田青楓の縁で夏目漱石との交流も知られ、漱石の句に、牡丹切つて一草亭を待つ日哉、がある。湯木は京都浄土寺にあった一草亭の家を訪れたりもしていたそうで、築地塀の風流な住まいであったと話していた。一草亭の晩年に入院先を見舞った折、一草亭は「心入れの趣向が受けているのはいいけれど、料理というものはあまり気張り過ぎては続かない。趣向は一度きりでいい。重ねたら暑苦しくなるよ」と教えてくれた。昭和二十九年十月に、大阪美術倶楽部で行われた一草亭の十七回忌追善花会において、湯木は薄茶席を担当している。

あしや吉兆

湯木は芦屋の自宅で、注文を受けた家に出かけて料理をする出仕事を始めた。しかし、終戦後しばらくすると、店の料理人たちが徴用や戦地から帰ってくるようになった。料理人たちの生活もあり、湯木は自宅で営業をすることを考えた。芦屋市の市長に営業の許可を頼みに行くと即座に対応してくれ、激励をしてくれたという。自宅のことでもあり小さな店であったが、結構、忙しい毎日であったという。

昭和二十一年当時の様子を小林一三が書いている。「あしや吉兆に行く。料理は海老の生のさしみ、海老の天ぷら等で、材料の少ない折柄、面白く工夫しておいしく食べさせるので評判だ」（『小林一三日記』二）。

丹羽の家は後に、古美術商竹世堂の古賀勝夫の住まいとなった。古賀は道具の目利きで知られた人で、現在、湯木美術館に収蔵されている古筆などの多くの道具は古賀の世話によるものである。一服いかがですか、と古賀から声が掛けられたり、湯木が暇な時にふらりと出掛けたりして、茶の湯や茶道具の話に花を咲かせたりする間柄であった。湯木の茶道具収集に大きな力となった人であり、面白いエピソードも伝わるが、道具の収集については後に項を改めて記すことにする。

平野町吉兆

芦屋の自宅は狭くもあり、何かと不自由なことが多かった。一日も早く大阪で営業を始めたいと願い、知人に依頼をしたり心当りを探して歩いたりしていたところ、北船場の平野町に適当な店が見つかった。御堂筋から東へ入った百メートル余ほどの道路両側一帯が戦災をまぬがれて以前の街並みが残っていた。平野町は江戸時代から大きな店が軒を連ねた通りで、御霊（ごりょう）神社の祭礼には夜店が並び、その賑やかさは大阪一と言われたという。昭和のはじめに車道と人道が分れて舗装され、梧桐（あおぎり）の街路樹に美しい街燈が並んでいた。その一角に、小さな洋館の後ろに日本家屋が建つ、南北に細長い風変りな場所があった。洋館は二階建てで、玄関にはステンドグラスが嵌（は）められ、階段の手摺（す）りはアールヌーボー様式の洒落た建物だった。その脇のアーチ形の門を通り抜けた所に和風の建物があった。そこが戦後の出発点となった平野町店である。

誰が書いたのか不明であるが、当時（昭和二十二年〈一九四七〉頃）の吉兆を活写（かっしゃ）した文章が残されている。長いものであるが貴重な資料でもあり、冒頭部分を省略して、原文のまま紹介しよう。

吉兆ひらの町によせる詞

（前略）氏神御霊神社乃甍も旭日に夕照に映へ渉り　一段と隆盛さをもつて戦前迄歴史を持続せしに　戦火災の為灰燼され了んぬ　約一丁余り通りに面し両側に残存せる幸運の家並みありて　在りし街景を想ひ偲ばしめらる
今　御堂筋を東へ暫しにて南側に洋館建のあるを視る　アーチ型をくぐりて　鎌倉時代の古燈　貴舟の小石を撒き　筧の水静かに落ち　対方に片袖芝垣　裾に水玉清浄にて和風二枚戸となる　天蓋燈が頭上をおゝう　荒目の黒木枠　白漉紙に張られて燈心が揺れてゐるのは印象的で　図体が大きいだけに可愛い気だ　燈がはいる　燈火がゆれ燈心がヂヾッと鳴る時床しからん　台所へ突き抜けてゐる見上げる棟木　堂宇に見るやう　二階廊下よりはみ出し曲廻廊下より見上げて昼刻のやう　この曲廊下より見下ろして　下一面清浄そのものゝ調理場　清白清浄の姿が懸命に包丁に煮付けに洗菜に　己がぢし立ち働く
こゝに主人の監督研究の華が咲く　その意を子飼の料理長が心して案配されてゆく清潔この上もない貴重なる道具類がならぶ　すべて生けるやうに見へる　道具類は主人の意に適つたものゝみ　内容の盛付を待つやに眺めらる　水出づる処潜々の音あり

て　青きか緑かの鮮葉盛りつけられて居る

茶室がゝりの部屋の諸々　小ぢんまりの建前にも総て落ち付きもあり　玄関の間　床の間に沢あん禅師の一字夢　茶儀を備へて　時の花一もとの投げ入れを望めば　およそ此の家の様子とんと胸を衝き　各部屋々々の淋しき迄の調度もすべては一軸の真髄一掬の花朶にわびを実感せしめらる　上品に然も虚色無し　時に中庭竹笹のふれ合ふ音静か　これが吉兆総もと締め大阪店たりしなり

もしそれお点前一服　華美を去り躾みふかく揃への紫地の着付けに伏紗挟みて客間をとりもつ紛囲気　次第に運ばる時候の調理も心憎き迄の浪花情緒　さてこそ吉兆の元店たる大阪店と覚へたり　大阪平野町の一名物といふ　大阪の吉兆といはる不知不識、日本の吉兆等と唱へられ　東の空に大く噂されるを視聞きして驚く　御客様の有難さを思ふにつけても　飽くなく精進に精進を重ねる吉兆自体　独歩の努力の賚たるを見遁し出来ない

あうんのいきの夫婦と　信仰と信念に生き　孝道を怠らず一家の和合　生命たる調理場の俊英　皆この夫婦の丹誠の人ばかり　寔に茶と道具のたのしみ以外何の道楽も無き主人の人格の反映は凡てに染み　加之主婦の飾らぬ真実の商法こそ身上たり

遂に客足の絶べしなく　打ち水吸ひ取られ　これを拭き撤くに忠節の奉公人の骨を折るとは嬉しきかも

浪花津に吉兆なくては　となん人の云ふ

平野町の店は昭和二十一年二月三日の節分に開業したが、忙しかったのであろうか、十一月二十三日になってようやく開業記念の茶会（薄茶大寄）を催している（「開業茶会之記」）。十二月二十一日には「堺卯の前に開業した吉兆君の新店に、半七会会員一同招かれてゆく」（『小林一三日記』二）と、小林の日記にも見られるように、一ヵ月ほどの間に営業の合間を縫って茶会を開いていたようである。戦後の食糧難の時期であり、乏しい献立にもかかわらず、新しい店の経営は順調で、忙しい毎日であった。

翌二十二年五月三日に日本国憲法が施行された。その二ヵ月後の七月五日、食糧危機突破の施策として「飲食営業緊急処置令」が施行され、十二月三十一日までの間、全国一斉に料理店は営業が停止された（外食券食堂・旅館・喫茶店は除く）。

この時期、湯木は全く仕事が出来なかった。その無聊を慰めるために、芦屋の自宅においてたびたび茶事を催していた。この様子を小林一三が書いている。「料理飲食店閉鎖のため、無聊に堪えがたい働き盛りの吉兆君から朝茶のご案内を受けた。（中略）働きづめの吉兆君としては、俄かに仕事から離れるのは手持ち無沙汰であるかもしれない。芦屋の本宅で会心の友をあつめて暫く風流に隠れ（後略）」（『大乗茶道記』）。また、「朝五時半、十三廻りにて芦屋の吉兆君の朝茶にゆく。料理業停止のため用がないのと、腕がウナルのとで連日お茶の由」（『小林一三日記』二）。

古美術商児島嘉助

平野町の店から北東へ約三百メートルのところの高麗橋の地に、新町時代から吉兆を贔屓にしてくれた古美術商の児島嘉助（米山居／一八七〇～一九四七）の店があった。児島は大阪美術倶楽部の社長を長らく務め、大阪商工会議所会員にも推されて財界人とも対等に付き合い、古美術商の地位の向上にも大きな役割を果たしたと言われる人であった。清廉な人柄で、人望も厚い人であったという。その人柄から面識のなかったにも拘わらず、京都の湯浅家の売り立てを一手に任されるということがあった。

湯浅家は大正四年（一九一五）に雁半（中村家）の売り立てで入手した継色紙などの名品を所蔵し、昭和十一年に開催された昭和北野大茶湯では大徳寺孤篷庵で一席を担当した。また昭和十四年にドイツで開催された伯林日本古美術展覧会では春日宮曼荼羅図（当時、国宝）を出品している。戦後になって、事業の湯浅電池の経営に資するために所蔵の美術品を処分することとして、当主の湯浅祐一（一九〇六〜九四）は、それを任せる古美術商の選定に腐心していた。大阪の表具職人の神（京華堂）から、児島嘉助が日本一の古美術商であると聞き、父の代からの出入り商人を抜きにして、児島に道具の調査から処分まですべてを任せることにした。道具の処分等はとかく難しいことが多いということだが、湯浅家の場合は、売り手と買い手の双方が満足するものであったという。道具の処分額は五百万円余となり、児島には最後の大きな仕事となった。

この売り立ての際に、湯木は思いがけず、春日宮曼荼羅図・継色紙・呉須赤絵玉取獅子鉢の三点を手に入れている。この経緯について、児島がこの三優品を湯木に振り当てたことも後味の良い話であった。吉兆発祥当時から恩になり、恩を掛けた湯木家、そうした道具縁によって今日大出世の吉兆を信頼した児島の眼識は偉かった、と高原慶三が書いている（『淡交』）。

また、湯浅は、こんな因縁が重なって湯木家の「吉兆」とは親交ができ、母は死ぬ間際まで吉兆には感謝と好意を抱いていた、と書いている（『私の履歴書』）。

児島の書いた竹の画賛（箱表書「破孤悶　題摘盧翁玉川茶歌の句中　米爺」）が残されている。その賛には「都会の地ハ煙と音響と経済戦の白花が散つて、決死的な活動で心神ともに非常な疲労を覚へ　これが疲労の消散　生気の復活　精神の慰安を求むる清涼剤ハ　紅塵より距て丶世俗に超越した美術と茶道の趣味に慰安を求ることが　最も高尚なる道程なり　　昭和五庚午春　　米爺生漫題」とある。

　こうした考え方を持つ児島は、湯木とはよく気が合い、お互いに良き理解者であった。「児島さんには可愛がってもらって、食べ物のことも、美術のことも、商売の仕方も教わりました」と湯木は語っている。また、湯木が畳屋町に移転してから二人の子供を亡くした時、児島は春秋の彼岸会に建仁寺の雲水に大般若経の勤行をしてもらうように勧めてくれた。それは現在も湯木家で毎年続けられている。

　児島は湯木に対して、「吉兆さんはいつも売りたくないものだけ、いつもくれ〱と言う」と困ったように話していたという。児島は湯木の道具を見る眼を評価していたのである。後年に昵懇となった随筆家の白洲正子（一九一〇〜九九）は、湯木からこの話を聞いて、「だってそういうものでしょう。売りたくないものだけしか欲しくないですよね」と話している。本物を見る者同士の相通じるところなのであろう。

京都吉兆

　湯木は、児島の高麗橋の店にある九曜星燈籠（鎌倉時代）がとても気に入っていた。戦前のある時、児島に「燈籠を分けて貰えないだろうか」と話すと、児島は「燈籠を売れというお客は初めてだ。燈籠は植木屋の仕事や。うちは道具屋だから燈籠は商売にしない」と断った。そして、すぐさま京都の嵯峨嵐山にある児島の別荘に燈籠を運んでしまった。湯木の眼の届かない場所に移したのであった。

ところが、湯浅家の売り立てが無事に済み、安堵したそのすぐ後、昭和二十二年五月に児島は思いがけず急逝した。湯木は葬儀委員長を務めたが、故人の心を推し量り、また遺族の希望も聞いて、賑やかな飾りは止めて三具足を置いた簡素な祭壇にして、会場を花で埋め尽くした。晩年、この時のことを思い出して「簡素でしたが心の籠もったものになった。児島さんも喜んでくれたと思う」と話していた。

しばらくして、児島の嵯峨の別荘が売りに出されることになった。湯木は別荘の所有者が変われば燈籠がどうなるのかと気にかかった。児島の息子の安次郎が「話が決まらないうちに燈籠を持って行ったらいいよ」と言ってくれたが、黙って勝手なことをするわけにもいかなかった。別荘の売却に関係していた伊藤竹之助（伊藤忠商事）のところへ、「別荘が売れる前に燈籠だけを持って行っても良いと言われましたが」と相談に出かけた。ところが、伊藤は「ああ、吉兆さんがいた。あんた、別荘を買いなはれ」と言った。別荘の引き受け先が決まらないで困っていた伊藤には、湯木の来訪は渡りに舟、といった塩梅であった。湯木は思いがけず、燈籠の話から児島の別荘を購入することになった。その燈籠は現在も嵐山店の一隅に置かれている。

こうして平野町で戦後の新しい出発を始めて二年ほどで、京都の嵯峨に店を構えることとなった。昭和二十三年二月に開業し、三月十四日から六月十三日までの間に開業記念茶事を七回催している。三月二十九日に来庵した小林一三は、「嵯峨吉兆に行く。嵯峨の児島君別荘を吉兆が百三、四十万円で昨秋買収したといふ。（中略）そののち吉兆の店は冬籠で景気如何と懸念しておったが、不相変繁盛との事。（中略）寄付の蕪村の俳画、小適庵入口の床には呉春の俳画、句は忘れたが、吉兆主人のお心づかい堂に入ったものである」と書いている（『小林一三日記』二）。

同じ年の五月五日、湯木は児島の後継者となった嘉一と共に席主となって、一周忌の追善茶会を高麗橋の児島の店で行った。児島によってもたらされた春日宮曼荼羅図を床に掛けての茶会であった。

恩人山本為三郎

しばらくして、高麗橋の店も売りに出されることとなった。昭和十二年（一九三七）春に建てられた店は間口七間、奥行二十間。部屋数は十部屋余で、二階には能舞台の部屋があり、坪庭が三ヵ所もあった。市中ながら静かで趣のある建物であった。建築は平田雅哉（一九〇〇〜八〇）による。平田は数寄屋建築の名棟梁で、森繁久弥主演の映画「大工太平記」のモデルとしても知られる。

この店については、児島が生前に、「うちで吉兆の店をやらないか」と湯木に話したことがあった。湯木の心も動いたが、具体的にならないうちに児島が急逝したという経緯があった。そのことからも、湯木は高麗橋の店を手に入れたいと考えたが、思いがけず京都の嵐山店を購入したことから資金の目途が立たなかった。

児島が健在であった頃、高麗橋の店は児島の人柄もあって大阪の財界の人たちが集まり、社交場のようになっていた。児島の没後に売り出されることが決まった時には、財界のメンバーで買い取り、紳士達の社交場にしてはどうか、という意見が有力であったという。当時の大阪財界で人望と実力のあったのが、朝日ビールの社長を長く務め、後に新大阪ホテルや大阪ロイヤルホテル（現リーガロイヤルホテル）の社長となった山本為三郎（一八九三〜一九六九）だった。山本は新町時代から吉兆を贔屓にしてくれた客であった。

山本は高麗橋の店を取得するための相談に乗ってくれ、購入のための資金も出してくれて、分割で払ってくれたらいいから、と思いがけない好条件を示した。

湯木は、山本のことを「吉兆の大恩人」と話していたが、この高麗橋の店の取得に大変な世話になっただけでなく、後の昭和三十六年に東京銀座に店を出すことになったのも、山本の勧めと支援があったからであった。その時、山本は「お金のことは任しとき」と言って激励してくれたという。さらに、昭和四十年に大阪ロイヤルホテルが開業したとき、吉兆は、つる家・東京竹葉（ちくよう）亭・なか田と共に出店した。これは山本の気に入りの日本料理店が選ばれたもので、後には灘萬が加わり五店となった。このコーナーはホテルの特色の一つともなっている。

湯木は「山本様の勧めや支援がなかったら、吉兆は今のようにはなっていなかったでしょう。山本様はあたかもご自身の生業（なりわい）であるかのごとく、私ども吉兆のために身にあまる御援助をいただきました。その御厚恩を思いますと胸の熱くなる心持ちが致します」と語っている。

ちなみに、山本は大阪の船場に生まれ、父が経営していたガラス工場を日本製壜（せいびん）、日本麦酒鉱泉（ビールこうせん）へと発展させ、後に朝日麦酒初代社長となった。仕事の関係で東京に住まいを移したが、終生大阪を愛し大阪のために尽力をした人であった。大阪にも国際的に誇れるホテルが必要と考え、吉田五十八（いそや）（一八九四〜一九七四）設計の大阪ロイヤルホテルを完成させた。また、クラシック音楽の世界的に著名な音楽家を日本に招聘（しょうへい）するなど音楽の普及にも尽くした。また、柳宗悦らの民芸運動の理解者であり、濱田庄司の作品のファンでもあった。山本の民芸コレクションは、現在、アサヒビール大山崎山荘美術館（京都府大山崎町）に収蔵され、公開されている。

高麗橋吉兆

そのような経緯を経て高麗橋店が開業したのは、昭和二十四年四月のことだった。この後、湯木は平田や中川砂村らと相談をしながら、茶室を初めとして各部屋や庭に順次手を加えていき、十年余をかけて高麗橋店を雅な趣きの独自の数寄屋空間として完成させた。

その一端の話である。二階にある残月の間は六十三畳もの大きな部屋で、床の間は奥行一間、間口二間、それに約一間半の書院がついた大きなものであった。それほど大きな床の間は料理屋には無用、と湯木は考えたが、平田のたっての願いでそのままに残すことになった。やがて、湯木はその大きな床の間に手を加えて特別な空間を造りあげた。

後でも述べるが、昭和二十五年に、佐竹本三十六歌仙絵在原業平を入手した湯木は、その掛物を飾るのにふさわしい床の間をしつらえたいと考えた。そして、掛物の入手から五年後の昭和三十年に、業平のための床の間をしつらえたのである。残月の間の床の間と書院とをつなげて間口を約三間半とし、床壁は白い裂地貼り、床框は総真塗、書院のあった左側には寝殿造り風に三本の丸柱を立て、その間に業平菱の組格子二枚折を蔀戸風にしつらえた。右側の大きな空間は、業平を掛けるための床であった。そして、坪庭に面した部屋の広い開口部には蔀戸をつけ、高欄付の縁を張り出すなどして、業平にふさわしい平安朝の趣にまとめ、部屋の名前も蔀の間と変えた。一幅のために床をしつらえ、部屋の趣きを変えるというのは、見事な心意気といえよう。

この高麗橋店で一つのエピソードがある。昭和二十七年、ある出版社が大阪の中之島公会堂で講演会を開催した。講師は作家の林房雄（一九〇三〜七五）と平林たい子（一九〇五〜七二）との二人で、講演会終了後に吉兆で食事をすることになった。林は初めの間は御機嫌だったが、お酒に酔ったのか途中で突然、料理が気に入らないと騒ぎだした。その毒舌は傍にいた人たちがハラハラするほどに激しいものだった。その時、女将のきくは「ちょっとでもお気に召さないことがありましたら、それは私どもが不十分なのです」と丁重に言って、支払いを断った。後日、出版社の担当者が改めて支払いに訪れると、「どなた様でもお味がお気に召さなかったら、それはうちが悪いのです。どうぞ心配しないでください」と、林の悪口を言うでもなく支払いを受けなかったという。この時の出版社の担当者であった高村よしは、「女将は偉い方でした。にこやかに、しかし毅然として立派でしたよ」と五十年前を振り返って話していた。

平野町・京都嵐山・高麗橋と戦後の短い時期に矢継ぎ早の開業となったが、これも時勢の流れ、あるいは湯木の天運の良さ、また人の縁に恵まれたということが出来よう。湯木は生涯を通じて多くの人たちに引き立てを受け、支援を受けることが多かった。これは日本料理に真摯に取り組んでいた湯木の姿勢と、人と人の和を大切にした人柄が自ずと共感を得て、さまざまの好展開を見ることになったのであろうと推測される。

恩人高畑誠一

平野町店で戦後の新しいスタートをしたのは湯木の四十五歳の年で、吉兆の暖簾を掲げてから十六年目のことであった。仕事に油の乗りきった時期である。

この昭和二十年代には料理の記録も比較的良く残されているので、一部を紹介しつつ湯木の料理の工夫などを見てみよう。

昭和二十六年の献立帳の中に、ベーコンと書かれている（湯木の料理の中でこれが初めてかは不明である）。また、アスパラガスやセロリも使われている。当時、日本料理においてベーコンやアスパラガス・セロリを使ったのは吉兆だけであろう。また、少し先になるが昭和三十二年の献立帳には、ニューヨークサラダとしてセロリ・エシャロット・クレソン・スモークサーモンが記載されている。これは最後の御飯の前に出されている。新しい試みである。湯木は日本料理に大いなる意欲を持っていて、新しい工夫や試み、さらに新しい素材を取り入れることに対しても積極的に取り組んでいた。

そうした新しい素材を取り入れることや新しい工夫について、湯木を支援してくれる人がいた。総合商社日商岩井の社長を務めた高畑誠一（一八八七〜一九七八）である。高畑は神戸にあった財閥鈴木商店の人で、十五年間をロンドンに駐在して鈴木商店の発展に大きく寄与し、昭和三年に日商岩井を興した関西経済界の要人であった。味に対する感覚が鋭く、吉兆の店で味に不都合があると、「吉兆君、あれはなんや。あんた加減をみたんか」と叱ることもあったという。

高畑は新町時代からの客であったが、特に戦後になってから吉兆を応援してくれるようになった。戦後、日本では手に入れることが難しかったスモークサーモンを空輸で運ばせ、外国の客に使うようにと届けてくれたこともあった。そして、ロンドン時代に得た知識や経験から、外国の客に対するもてなしのノウハウを湯木に教示してくれた。また、西洋料理や日本料理にかかわらず美味しい味に出会うと、参考になるからと湯木をその店へ誘った。食に関する情報・知識・西洋料理のマナーなど、教示を受けた事柄は大きなものであった。湯木は、精神的な意味で私と吉兆の店の成長を見守り、支えてくださった大事な大事なお客様、と書いている。高畑の応援を受けて、湯木は積極的にキャビア・フォアグラ・牛肉なども日本料理に取り入れる工夫をしている。高畑は湯木の良き理解者であり、「いつか日本料理が、世界の人に判る時が来るだろう」と話して湯木を喜ばせ、鼓舞した。

湯木は、山本と高畑の二人が「吉兆と私にとっての大恩人」と、度々感謝の言葉を口にしていた。そして、毎年正月には、元日の朝一番の飛行機で東京の山本宅へおせちの組重を持参して新年の挨拶をし、翌二日には神戸の高畑宅へ組重を届けるのが、湯木の恒例であった。

前菜のいろいろ

さて、献立帳に戻ると、新しい料理素材を取り入れることの他に、新しい料理の名前が登場している。宝恵籠・蛍籠・氷室・蓮の葉・菊の着せ綿・菊畑・箕などがその一端であるが、それらは前菜であり、それにふさわしい器が誂えられている。また、かき氷で作ったかまくらは、夏の暑い時期に刺身などの鮮度を落とすことなく客の前に出すことを考えた工夫から生まれた。湯木は前菜について、力のこもった風味ある料理を味わっていただくのが本来のあり方と考えていた。それに季節感の表現を盛り込む工夫を重ね、数々の前菜の器と演出の方法が生まれたのである。これは吉兆料理の特徴の一つといえよう。

しかし、戦後の物資が乏しかった頃は、何とか料理を楽しんでいただきたいと知恵を絞ったという。そして、西洋のオードブルに刺激され、それに匹敵するようなものをと考え、小さな前菜を数を多くして出す工夫をしてお客に喜ばれたという。昭和二十七年四月の献立帳には、八軒屋（はっけんや）落花深き前菜盆として、一ノ家　いかなたねやき、二ノ家　川えびいりだし、三ノ家　あわび塩むしわた、四ノ家　たいはら胡麻塩やき、五ノ家　ひなもろこすがたやき、六ノ家　たいのこふくませだき、七ノ家　胡瓜（きゅうり）しいたけ胡麻あへまぜ、八ノ家たいうろこほしあげ、の記載がある。江戸時代から船着き場として賑わった大阪天満の八軒屋の名に寄せての趣向として八種の前菜を盛りつけている。また、五月には、高畑が招いた客に、「印度（インド）（タタ財閥（ざいばつ））の御客様に前菜弐十集」と、二十種もの前菜を供している。客に合わせて前菜の数や出し方を工夫し、配慮していたことが窺われる。

昭和二十八年三月にはバーナード・リーチ歓迎会で、リーチ・柳宗悦・濱田庄司・河井寛次郎の一行が来店。この時にはパンに川海老の真蒸（しんじょう）を巻いて揚げたものを出し、果物は濱田庄司の大皿に盛って出している。おそらく日本料理でパンが初めて使われた機会であったと思われるが、これは主賓のリーチを意識してのことであろう。

また、熱い石の上に魚や肉、野菜を乗せて焼く石焼もこの頃の献立に見える。この野趣に富んだ料理を座敷の中で供するために、用いる石についてかなり調べていたようである。火に入れて高熱で焼いても割れず、長時間高温を保つ石を求めて探し、色々な石を試していた。それに関して、懇意であった古美術商の戸田鍾之助は「戦後のある時、料理屋組合で長良川の鵜飼を見物に行った時、湯木さんは鵜飼舟が上流から下流まで下る間、ずっと河原を眺めて石を探しておられた」と湯木の様子を語っている（『なごみ』）。さまざまな石を試した結果、長良川の石が最適となったらしく、昭和三十一年の献立帳には、わざわざ長良川の石と書き込まれている。

もう少し紹介を続けると、畳屋町に移転した頃に考えた飯蒸しがある。飯蛸の飯粒状の卵で料理を作ったが、量がごく限られることから餅米を混ぜてみた。それがきっかけで餅米だけの飯蒸しを考えたところ、吉兆独特の料理と評判になったという。

また、吉兆では前菜、お椀、刺身、焼物、炊き合せ、御飯の順番で料理が出されることが多いが、その間に、小さな蓋物の器にごく少量の料理が箸休めという風情で出される。これは料理の流れにアクセントをつけるために考えたものである。

また、献立帳には日々の研鑽の様子が窺われることもある。たとえば、昭和二十六年十二月に、「生子(なまこ)かす漬、やはり気になっていた如く味醂(みりん)にて生子かたくなりて、いよいよ研究足らぬを悔ゆ」と、目論見がはずれて上手くいかないことも書きつけてある。

また、献立帳には、湯木が考案して白井半七に製作を依頼した独自の器が多く見られる。これらは、現在、日本料理店で普通に見かけられる。たとえば、野々村仁清作の香合(こうごう)からヒントを得た白い横笛形の器やお玄猪(げんちょ)の器、また葛家(くずや)形の器など、その数は実に多い。

松花堂弁当

器と言えば、この時期の献立帳に松花堂(しょうかどう)弁当の文字が目につく。客の注文による三十や百などの数の松花堂弁当の記載がある。現在では知らない人はないほどに知られたこの松花堂弁当も、湯木が考案したものである。

その経緯を簡単に記すと、昭和八年（一九三三）頃、湯木が現京都府八幡(やわた)市にある松花堂昭乗（石清水八幡宮の社僧・寛永の三筆／一五八二〜一六三九）の遺跡を訪れた時、部屋の片隅に重ねられていた茶色の四角い盆（松木地盆(まつきじぼん)）に眼がとまり、料理の器に使えるのではないかと考え、その一つを分けてもらった。その時は煙草盆(たばこぼん)あるいは薬入れなどに使うものと聞いた。

この盆については、高橋箒庵(たかはしそうあん)（義雄(よしお)・茶道美術評論家／一八六一〜一九三七）の日記『萬象録(ばんしょうろく)』の中に、大正四年（一九一五）十二月の益田非黙(ますだひもく)追善茶会で使われた煙草盆松花堂好み松木地とあるのが、相当するものと思われる。

湯木は、手に入れた当初はそのまま前菜の器に使ったりしたが、どうにも使い勝手が悪いので、手を加えることにした。四方の角にあった飾り金具を外し、左右の寸法を縮めて底面積を四分の三に小さくし、縁の高さを三・五センチから五センチと高くし、田の字形の仕切りの中に器を入れた。蓋がなかったので被せ蓋を作り、蓋と身の双方に「松花堂」の文字の焼印をあつらえて押した。この焼印は松花堂昭乗に敬意を表してのことであったが、これによって「松花堂弁当」の名称が生まれたのである。何度か形を改めることを繰り返し、最終的には、茶色の春慶塗であったものを黒塗に改め、中の器も右上に朱塗の丸い器、対角の左下に藍の吹墨の四角い吉の字皿とした。これらの工夫によって、料理が盛りやすい上に、分業ができて、埃と乾燥を防ぐことのできる、料理人にとって誠に使い勝手の良い弁当箱が完成したのであった。また、それはお客にも喜ばれる扱いよさと色彩と形の美しさを兼ね備えた器であった。高麗橋店には試行錯誤を繰り返した古い器が今も残されている。

湯木が前菜の器として使っていた頃、大阪毎日新聞社の北尾鐐之助の眼にとまり、昭和十一年二月二十日の大阪毎日新聞に、湯木が前菜の器として紹介している記事が掲載されている。また、ずっと後の昭和五十五年十月のことであるが、奈良東大寺大仏殿の昭和大修理の落慶法要の際、吉兆に三日間で四千人分の弁当の注文があった。その時、湯木は黒い発泡スチロール製の松花堂弁当の器を作り、無事に仕事を果たすことが出来た。さらに昭和六十年四月には、大徳寺で行われた表千家の追善法要茶会に、三日間で六千人分の松花堂弁当を調進している。そうしたことについて、湯木は「この松花堂弁当箱だからこそ、大きな仕事を無事に果たすことが出来た」と話していた。湯木は普段、自らの手柄を語ることはほとんどなかったが、松花堂弁当については、「こんなに喜ばれるとは思いませんでしたな。この弁当箱の工夫はちょっと自慢しても良いものだと思いますな」と話したことがあった。

湯木の姿勢

湯木が日本料理の献立や器にさまざまの工夫を重ね、弛まぬ努力を重ねていたことを窺うことができるが、その湯木の努力の根本には、何にでも学ぶことがある、という謙虚な、また積極的な姿勢があったということができる。

千利休や孫の宗旦を初めとした茶人の茶会記や、江戸時代の料理本などを読み、東大寺の結解料理（精進料理）など伝統的な料理にも関心を持ち、範を求めた。また、大きい小さい、また遠近にかかわらず、不便な田舎であっても良い料理との評判のある店に足を運び、小さな事であってもその店なりの良い点を学ぶ努力をしていた。

さまざまのエピソードが伝えられるが、その一つに、京都周山（しゅうざん）街道の田舎家でのことがある。鶏と山菜の鍋料理を食べさせる家があった。大勢で出かけたので鍋が二つ用意され、ひとつは家の主人が、他の一つは湯木が鍋の味付けをした。出来上がった二つの鍋を食べ比べると、湯木の鍋が圧倒的に美味しく、皆が驚いたという。それからしばらくして、吉兆の店に行くと、あの田舎家の鍋料理が見事に洗練された趣で、吉兆料理として出されたと、写真家の矢野正善が書いている（『なごみ』）。湯木は大阪や京都の料理だけでなく、「時間があれば、地方料理の未知の味を究めたい」と話していたが、そうした料理の良さと勘どころを捉え、視覚的にも味覚的にも洗練された形を作り出す優れた感性を持ち合わせていた、と言えるのであろう。

また、ずっと後の昭和六十一年（一九八六）のことになるが、その頃の吉兆は、日本料理界の頂点などと巷（ちまた）で評されてかなりの時間がたっていた。ある時、小石原昭（知性コミュニケーションズ）との会話の中で、湯木が美味しいお寿司屋さんは？と尋ねた。小石原から四ツ谷にある纏（まとい）寿司の名前を聞いて、湯木は早速に一人で出かけて行った。カウンターの端に座って静かに味わい、食べ終わった後に「いいお店ですね。近日、若い者を連れてきましょう」と言って帰った。店の主人は、あの白髪の上品な人は誰だろうと不思議に思ったという。そして、何日かして、湯木は店の若い人たちを連れて再び纏寿司を訪れた。これを店の主人から聞いた小石原は、「あんな大衆的な店でも、美味しければ湯木さんがちゃんと通って、あの御高齢で、お弟子ともども勉強をされ楽しまれる。『吉兆』の味が落ちない秘密の一端をかいま見ました。うれしい話でしょう」と語っている（『味の手帖』）。

吉兆の評判

ここでは、昭和二十年代頃の出版物の中から、吉兆についての評判などを紹介しよう。

昭和二十七年（一九五二）、湯木は、懐石料理「辻留（つじとめ）」の主人である辻嘉一（つじかいち）（一九〇七〜八八）と対談をしている（『あまカラ』）。司会の山内金三郎は、冒頭で二人のことを、今日の日本料理における双璧（そうへき）と紹介している。二人は大阪料理と京料理の比較、茶事や懐石について話したが、その中で「料理には間（ま）が大事で、山場がなくてはいけない。料理は一つの流れで、山もあり谷もあって起伏がある」とし、「料理には冥加（みょうが）が一番大事なことで、皮一つ剝（む）いても皮は皮で活かしていくことを考える人でないといけない」と話して、お互いの料理に対する考え方に共通するところがあった。その中で、辻は湯木に対して、「この頃は、日本の料理界は『吉兆風』という風が吹いています。それを私は尊敬しています。(中略)こんだけ何でもよう解って、現在を摑んでおられることは大したものです」と話している。

また、同じ年に湯木が取材を受けている(『味』二号)。その記事の初めには「数多い大阪の料理屋の中で、ひときわその名の光っているのは『吉兆』である。(中略)昭和五年の暮に宇和島橋北詰でさゝやかな店を創めて以来僅か弐十年余にしかならないのである。全国でも最も料理の発達した大阪で、かような僅かな間に今日の名声を獲たという事実は、実際驚嘆のほかがない。まことに『吉兆』は年数の老舗ではなくして、実力の老舗である」とまず書かれている。そのインタビューに答えて、湯木は「日本料理は世界に比類のない広い、深みのあるものやと思います。舌にのせてうまいとかまずいとかいうだけのものやのうて、その材料の選り分け、取り合せ、包丁の入れ方、味のつけ方、冷温の加減など、料理そのものが我々の感覚を満足さすだけでなく、行届いた清潔はもとより、これを盛る器から、食事をする座敷のすべて、更に庭やその他の家の環境にまで、一貫した美しさが漂っていて、はじめて、あゝよかったという満足なり喜びを味わってもらえるのです。単に舌の上だけで、うまいまずいを決めるというのは動物的やと思いますな。私は勿論、舌の上の味覚ということに苦労はしていますが、（中略）私の常に念願していますのは、何とかして日本料理の本格的なものを完成したいということで、私は日本の国が好きで好きでこの燃えるような思いを料理に表したいと思います。といって、決して偏狭な国粋主義を唱えるのとは違います。海外のよいところを採り入れることも大いに必要で、よいところはどんどん採り入れねばいけません」と、日本料理に対する熱い想いを語っている。この日本料理に対する熱い想いは一生涯変わることはなかった。

しかし、こうした湯木に対して批判的な声もあった。同じ昭和二十七年に、「器物は料理に非ず」の中で水木淑三が書いている（『たべもの』十二号）。「うまい物は木の葉に盛って、手づかみで食ってもうまいのであるし。まずい物は、いくら美術品に盛りつけて、象牙の箸で食ってみたってまずいのである。（中略）しかるに、日本の一流料理なるものが、良い器に盛ることを第一の条件としていて、もしその第一条件を鑑賞の目安におかないのなら、それは食通として初歩だというヘンチキ論をとなえる料理人がいる。人をみくびるのも甚だしく。（中略）料理は器に入れはするが、器は決して料理の一部分になることは出来ない」と湯木を攻撃している。他にもこれに類したものがある。

いみじくも、同じ年に魯山人が書いている（『あまカラ』十五号）。「簡単に言つて食物を旨く食ふためには、耳から、眼から、鼻からと、さまざまな感覚で『美』と『味』にかゝりあひを持つことが多い。いろどり、盛り方、取り合せ、材料の良否、これが皆『美』との関連が深い縁を持ち、栄養の効果にも影響する所が大きい。美しく無く、物を旨く食ふといふことは全く絶無と云つていいのであるが、（中略）食物から受ける楽しみを知る者は、先づ第一食物の風情に重きを置く、随つて環境を楽しむ、食器の美を楽しむ、食道楽の『楽』の意は、こゝに至つて一人前である、食通も同じである。美を食にもとめぬものは下郎の下等食であろう」。湯木は批判的な声に対していささかの反論もしていないが、その考え方は、大旨魯山人と共通しているといえよう。

昭和二十九年の『食味評論』に、全国料理業組合大阪大会の記事が掲載されているが、その中で多田鉄之助（食味評論家／一八九六～一九八四）は、「吉兆であるが、ここの主人は想像に優る大成した茶人である。単なる一料理屋の主人と見るのは当たらない。完成した一つの風格を持つ洒脱の実業人と見るべきである。それは前掲の茶会記を一瞥すれば真実なことが判るであろう。大阪業界に於ける一大逸材と言って良いだろう」と評価している。ちなみに、この時の全国料理業組合大会は戦後に開かれた第三回目で、大阪を会場として五月十五、十六日の二日に亘って開催された。代表者による会議、日本料理の展示会

（会場は大丸百貨店）、懇親会、見学会、茶席と盛り沢山な内容であった。この時の茶席は湯木が受けもち高麗橋店で行われた。湯木は御神籤風の案内状を作成し、表千家の久田宗也が点前を担当した。

同じ『食味評論』の昭和三十一年の「たべある記特集」にも、吉兆のことが書かれている。「（吉兆は）現代日本料理の最高標準という事がはっきりしていた。流石は当代日本料理のナンバー・ワンとしての貫禄十分、東京にこの店と肩を並べる店はどこかと言われると、一寸返答に困る」。

また、少し先のことになるが、「大阪味覚案内（上）」（昭和三十六年）は、大阪の料理店を味・値段・雰囲気・サービスの四項目に分けて評価を行い、それを上下二回に分けて一覧に掲載している。その中で吉兆は四項目とも最高点で、付記の項には吉兆の特徴として、「食器は古美術品を使っている。吉兆風料理といって全国を風靡する料理デザインの本家である」と書かれている。

東京へ

東京吉兆

戦後の混乱は、昭和三十年（一九五五）頃には落ち着きつつあった。吉兆は二十一年の平野町店、二十三年の嵐山店、二十四年の高麗橋店の開業（平野町店は高麗橋店開業と共に閉店）に続き、二十八年には南区久太郎町の新築の繊維ビルに天麩羅と鰻を主とした店を開いた。三十一年には南船場の久宝寺に移転したが、この店は二十八年に結婚した長女夫妻が担当した。また、生家の中現長を経営していた義弟が亡くなったことから、その店の経営も受け持つことになり、昭和三十年一月に中現長の北隣に、平田雅哉により店を新築して、神戸吉兆の名前で開業した（昭和三十五年頃に閉店）。まさに八面六臂の活躍であった。

そうした忙しさが少し落ち着いた頃、東京へ出店しないかという話が持ち上がった。東京へ店を出すことは湯木の夢でもあったが、実現となると容易なことではなかった。その時、力になってくれたのが先にも記した山本為三郎であった（山本には資金の面だけでなく、種々の相談もしていたようである。挨拶状の内容を山本に相談する手紙の下書きが残る）。山本の支援を得て決意が固まり、店に適した場所を探すことになった。候補地探しは中々に難事で容易に進まなかったが、東銀座に小さいけれども出物の店があるとの知らせを受け、早速に現地を見てその店を購入することにした。

そして、開業は昭和三十六年七月九日と決まった。久宝寺店にいた長女夫妻が東京店を受け持つことになり、久宝寺店は同年四月に結婚した三女夫妻が担当することになった。ちなみに、高麗橋店は長男夫妻が居て、京都嵐山店は次女夫妻、昭和四十年に開業の大阪ロイヤル店は四女夫妻と、湯木の五人の子供がそれぞれの店を担当した。

東京店は鶴登久（つるとく）という店があったところで、数寄屋建築に独自の様式をもつ吉田五十八の設計であった。小さいながら洒落た品の良い店構えであったという。湯木は吉田五十八や水沢工務店、数寄屋師西川富太郎と相談をしながら、上方風の趣になるように手を加えていった。

湯木は店の入口の方位が気にかかり、吉田に相談をすると、それでは方除（ほうよ）けに鬼瓦（おにがわら）を店頭に飾れば良い、と簡単に応じてくれた。それで入口の袖壁（そでかべ）に楽了入（らくりょうにゅう）作の鬼瓦をはめ込むことにした。また、かねてから所持していた仁阿弥道八（にんあみどうはち）作のお多福を玄関に飾りたいと考えたが、店先が俗っぽくなるのを懸念していたところ、吉田は、人目の届かないように玄関の袖壁の上に櫺子窓（れんじまど）を切って、その中にお多福を置くと良い、と助言してくれた。こうして、「鬼とお多福」が東京進出の先頭を切ることになった。このことを湯木は、ちょっと茶のある話だと喜んだ。

座敷数わずか五部屋だけのこぢんまりとした店であった（この後、隣接の土地を入手して昭和五十一年・五十七年の二度にわたって増改築が行われている）。

大正十二年（一九二三）の関東大震災後に関西料理（出井（いずい）や浜作（はまさく）などが代表格）が東京へ進出し、関東料理を圧倒したと言われていたが、さらに「吉兆の進出で、関東料理に止めがさされたようなものだ」（『あまから』）と、世間では騒がれた。

その開業の挨拶状の一部を見ると、「われおもふ人のありやなしやと隅田川の都鳥に思ひを託して、上方の吉兆が花の都の新橋（ママ）のかたすみにささやかな店をかまへることとなりました。正真正銘わかりにくいほど小さな家で御座います」とある。

少し話が先に飛ぶが、開業した翌年、先代の市川団十郎（一九〇九〜六五）が四月に海老蔵から十一代団十郎を襲名するという、その十日前の三月二十一日の夜、襲名興行の采配を揮っていた松竹の遠藤為春と共に吉兆に来店した。歌舞伎好きの湯木や高原慶三の思いを汲んで、遠藤が連れてきてくれたのである。海老蔵にもお別れだ、と言いながら四時間ほどもお酒を酌み交わし、感慨深い一夜であった。十日後には六十年ぶりの団十郎を襲名する多忙な海老蔵が、東京では新参の店である吉兆に、時間をさいて来店するとは夢にも考えられないことだっただけに、湯木にはとりわけ楽しい思い出となった。

七月に開業して、早速に東京店開業記念の茶事が行われるはずであったが、茶事は行われなかった。

きくとの別れ

この東京店の開業の少し前から、湯木の妻きくの体調が勝れずにいたからであった。医師の手当を受けても良くならず、徐々に体調が悪くなってきていた。湯木は方々に手を尽くして千葉大学医学部付属病院に紹介を受け、すぐにきくを連れて行き診察を受けさせた。八月に千葉大学病院に入院してからは、湯木はずっとつきっきりで食事の世話など懸命の看病をした。病院に見舞いに訪れた人が、湯木の憔悴した姿を見て、病人は御主人であったかと思ったくらいであったという。しかし、経過は思わしくなく、今が家に帰れる最後の機会であろうとの医師の勧めで、きくは十一月下旬に高麗橋店に帰ってきた。そして、十二月四日に長逝した。きくは日頃から丈夫な質で、風邪を引いても二、三日したら治ります、と言って薬も飲まないでいたほどで、寝込んだこともない人だった。それだけに却って無理を重ねることになったのであろう。

昭和五年以来、まさに苦楽を共にした夫婦だった。料理屋にとって料理をする人は大事だが、それ以上に大事なのは女将の仕事である、と湯木は考えていた。大切な妻を亡くした時は「骨が砕けるような思いをした」と湯木は話していたが、その湯木の姿は、周りの人たちには見るのも辛いほどの落ち込みようだったという。

このしばらく後に、料理屋に女将がいなくては、と心配する人から後添いの話がもたらされた。その時、湯木は「死に別れというのは、切ってパッと二つに別れてしまうようなものではありません。亡くなった人のことを考えると、とても再婚は考えられない」と断り通したという。後に、七年もたっているのに吉兆庵の愛妻敬慕に湯気が立っている、と高原が書いているが、七回忌の茶事の折には、湯木は扇子司の中村清兄に依頼して白縮緬の風呂敷に菊の花を大きく描いたものを作成している。

しばらくの間、湯木の心は何か芯が抜けたような、何事にも力の入らないような日々が続いた。ある時、これからどうしようかと、自身と吉兆のことや日本料理の行く末などを漫然と考えていた。ふと、日本料理は世界でも優れた料理だとの日頃の考えから、「世界の名物　日本料理」のフレーズが頭に浮かんだ。この「世界の名物　日本料理」から自分の進むべき道が明らかになったような、豁然（かつぜん）とした思いが溢れてきたという。それは日本料理に対する湯木の熱い想いであった。「日本料理の気品は世界中のどこにもないものである」と確信し、「日本料理が食器や床飾り、部屋のたたずまいを含めてこれだけ細かく仕上げられてきたのは、やはり茶の湯があったからであり、茶の湯に通じる日本料理の真髄というか、季節感の極意に迫りたい」と考えたのであった。

このことに力を得て、湯木は再び東奔西走（とうほんせいそう）の日々に立ち戻り、一層の活動を開始することになった。この「世界の名物　日本料理」のフレーズは、現在も吉兆グループの企業理念として各店のパンフレットなどにも書き込まれている。

晩年、湯木は「不思議なことですな。私が考えた料理や器は数ヵ月のうちに真似されてしまいますけれども、この言葉だけは誰も真似をする人がいませんな」と話していた。湯木の日本料理に対する大望と自負は極めて大きいものであった、と言うことができるであろう。

東京店のお客

東京へ初めて出店した吉兆を応援するため、大阪で馴染（なじみ）であった客が東京の客を紹介してくれるなどの好意に恵まれ、多くの人々の支持を得て東京店は大きく発展することになった。

東京店の客には政界の人たちも多かったが、その中で湯木が最も記憶に残る一人が総理大臣を務めていた池田勇人（はやと）（一八九九〜一九六五）である。かねてからの知合いであった円城寺（えんじょうじ）次郎（日本経済新聞社／一九〇七〜九四）が、花の銀座に新入りのこととて大変だろうと、宮様方や池田を東京店に招いてくれたのが最初であった。その後は池田が招いた客のために、信濃町の池田邸に呼ばれて料理をすることが度々あった。

ある時、池田が「吉兆君、総理大臣を辞めた時は一緒に楽しくお茶でもしよう。僕はカット（バカラ社のガラス器の意）類なら少しはあるんだよ」と話したという。昭和三十九年、その池田が築地の国立がんセンターに入院することになった。急遽（きゅうきょ）、吉兆の食事がしたいとの連絡が湯木に届いた。湯木が大阪から飛行機で駆けつけたところ、池田は自邸の薄暗い部屋で庭を眺めながら、煙草をくゆらせて一人黙然と座っていた。声をかけるのがためらわれるほど、寂寞（せきばく）たる雰囲気であったという。ようやく湯木が声をかけると、「おう、やはり来てくれたか。うまいものを食べさせてくれ。明日から養生しなくてはならないんだ。頼むよ」と言った。湯木は胸が一杯になって何も言えなかった。翌日、入院の時刻が迫ると、池田は「ありがとう。うまかった。思い残すことなく腹一杯食べたよ」と礼を言いながら握手をして出ていった。池田邸で再び湯木が料理を作る機会はなかった。

池田を紹介してくれるなどの配慮をしてくれた円城寺は、日本経済新聞社が開催した美術展に出品の依頼を受けたことが、その出会いの最初であった。昭和三十年代中頃のことで、それから約三十年余もの長い付合いが続いた。その間、孫の一人が中国に一緒に連れて行ってもらうなどの世話にもなった。美術に造詣の深い高潔な人柄で、「お目にかかった時にお話を聞くのが楽しみであった」と湯木は話していた。

また、関西経済連合会会長を務めた芦原義重（あしはらよししげ）（関西電力／一九〇一〜二〇〇三）は、湯木と同じ年の丑（うし）年生まれでよく気が合った。芦原は昭和四十年に歴代首相と大阪財界の重鎮との懇談会を発足させた。大阪の財界からは芦原の他に、松下幸之助（松下電器）・土井正治（住友化学）・日向方斉（住友金属）・松原与三松（日立造船）・阿部孝次郎（東洋紡）・堀田庄三（住友銀行）の七名が発会当時のメンバーである。月一回の会場を吉兆東京店とするように計らい、会の名前を「吉兆会」とした。これは東京に馴染みの少ない湯木に対しての配慮も含まれていたのであろう。また、湯木が昭和五十一年に、辻静雄の勧めで息子たちを伴ってヨーロッパ旅行に出かける計画を組んだとき、芦原は「吉兆の主人が皆揃って外国に行って、もし飛行機が落ちたらどうするのか、その時は吉兆の技を誰が伝えるのか。全員揃っては出かけないように」と心配をしてくれた人でもある。

その他にも、渡辺忠雄（三和銀行）や奥村綱雄（野村証券）など、東京に新しく店を構えた吉兆を引き立ててくれた人は多かった。

昭和三十年頃から日本は高度経済成長期にあり、昭和四十三年（一九六八）にはGNP世界第二位となった。吉兆の発展はこうした時代と共にあった。

茶の湯と湯木貞一

茶の湯入門

入門から

松平不昧の茶会記に出会ったことが、湯木の料理への道を決定づけたといえるが、そうしたこともあって湯木は茶の湯の世界に深く傾倒することになった。料理と茶の湯を「人生の両輪」と考えて、「そのいずれかが欠けても自分の人生はなかったと思う」とよく話していた。そして、「私はお茶が好きで幸せだと思います。お茶を学ぶことは日本に生まれた生まれ甲斐（がい）があるというものです」とも話していた。

ここでは、湯木が人生の両輪の一つであるとした茶の湯との関わりについて触れることにする。

吉兆の経営が軌道に乗るようになると、湯木は茶の湯の稽古を少しずつ始めた。そして、昭和十一年（一九三六）十月、昭和北野大茶湯（天正十五年に豊臣秀吉が京都の北野で開いた大茶湯から三百五十年になるのを記念して、北野神社を中心に京都市内各所で釜が掛けられた大茶会）に参加した。そこで受けた印象は大きなものであったらしく、「昭和北野大茶湯に参加できたことは大きな喜びで、生涯の幸せと思う」と話していた。

そうしたことからであろう、昭和十二年の秋に本格的に茶の湯を学びたいと、丹羽陸夫の紹介によって表千家家元即中斎（一九〇一～七九）に入門した。その時に点雪堂（祖堂）にお参りしたことは一生忘れがたい感激であったという。即中斎は同い年でもあり、敬意と共に親近感も覚えていた。その頃に、即中斎から頂いたという「茶杓銘手習」（櫂先の裏面に朱漆でいろはと書かれている）を、殊のほか大切にしていた。

茶の湯の勉強に熱心に取り組み、やがて茶会や茶事を催すようになったが、残念ながら戦前の記録は戦災で失なわれており、茶会や茶事の始まりがいつで、どのようなものであったかは不明である。戦後の残された記録の初めは、先にも記したが昭和二十一年十一月二十三日から行われた平野町店開業記念の茶会である。

茶事の最初の記録は、昭和二十二年八月十日から芦屋の自宅での朝茶事で、先に記した「飲食営業緊急措置令」による営業停止の無聊を慰めるために行ったものである。

昭和二十三年三月十四日には、嵐山店の開業記念茶事が店内の小適庵において行われた。最初の客は小河謙三郎・高畑誠一・北尾清・松浦卓・乾豊彦・長谷川正一・古賀勝夫であった。その後も続いて六回の茶事が行われた。同年の秋には表千家即中斎、裏千家淡々斎などを招き、八回の茶事を行っている。

延命会の茶事

その後は少し時間の余裕が出来たのであろう、たびたび茶事を行っている。当時の詳細な茶会記一冊が残されているが、その茶会記の冒頭に記され、また、湯木が行った茶事の中でも代表的な一会と考えられる茶事を紹介しよう。

昭和二十四年十一月十二日、延命会の会員を招いての茶事が嵐山店で行われた。延命会とは、昭和十四年に銀行家の石井光雄が美術学者の荻野仲三郎と仏教学者の鈴木大拙を招いて話を聞いた会が始まりであった。戦後の当時は石井に加えて、松永安左エ門・畠山一清・五島慶太・小林一三・長尾欽弥・服部玄三・梅沢彦太郎・田辺宗英等が会員となり、東京美術倶楽部社長の斎藤利助が世話役を務めていた。いずれも数寄者として知られた人たちである。

当日は畠山一清（即翁・荏原製作所）・松永安左エ門・五島慶太（東急電鉄）・服部梅素・斎藤利助（寿福庵・平山堂）・平田佐矩（鶴声・平田紡績）の六名が来庵した。先輩数寄者

たちを迎えて、湯木は緊張感と共に一層の心を込めて茶事を行ったことであろう。この時の主な道具組は次のようなものであった。

寄付（よりつき）

床　自画賛　口切や近江のかぶら嵯峨の柿　雲華上人筆

本席

床　継色紙（神垣の……）　伝小野道風筆

釜　野々宮釜　道仁（どうにん）作

炉縁　栗木地　如心斎在判

香合　交趾菊蟹（こうちきくかに）

炭斗（すみとり）　時代さざえ籠

灰器（はいき）　焙烙（ほうろく）　長次郎作

中立（なかだち）

床　竹花入　利休在判　随流斎書付

花　水木（みずき）・岩根（いわね）椿

水指（みずさし）　木地曲（まげ）

茶入　瀬戸肩衝（かたつき）　銘神楽岡（かぐらおか）
茶杓　元伯（げんぱく）共筒　銘嵐山
茶碗　志野　銘広沢
建水（けんすい）　伊部（いんべ）
蓋置（ふたおき）　青竹

続き薄茶

茶器　唐物独楽（こま）
茶碗　釘彫伊羅保（くぎほりいらぼ）　銘秋の山
　替　黒楽四方（くろらくしほう）　銘綾錦　道入在印

長くなるので、懐石道具の記載は省略したが、茶道具と共に、いずれも湯木が所蔵する道具の中での逸品である。晩秋の嵯峨嵐山での茶事に相応しい道具が選ばれており、湯木の思い入れの深さが窺われる。

正客を務めた畠山一清は、茶事や茶会の詳細な記録である『茶会日記』および『来客日記』を残している。この日の『茶会日記』には、文字による記録に加えて、寄付の画賛の絵、竹花入に入れられた水木と椿の姿、道仁作の野々宮釜の鳥居の文様、懐石に用いられた宋赤絵馬上盃と絵唐津鉢などのスケッチが描かれている。これらは特に印象が深かったのであろう。

大阪では昔から七月一日の愛染祭を初めとして、有名な大阪天満宮の天神祭や住吉神社の住吉祭、御霊神社や座摩神社、八幡様や町々の氏神の夏祭りが賑やかに行われていた。それらの祭に合わせて、伏見町や高麗橋などの各町で数寄者や茶の湯の宗匠、古美術商らが競うようにして祭釜を掛け、夏の大阪の風物詩の一つでもあった。戦時中に一時中断したが、戦後いち早く復活した。湯木もこうした数寄者や古美術商に伍して、七月には御霊神社の神事釜を欠かしたことがなかった。湯木の祭釜の様子は、小林一三が「その中では、吉兆庵の長谷川久蔵祇園会を吉例として、それを中心に年毎に取合わせを変えているのが賢い催であったと好評である」（『大乗茶道記』）と、その評判を書きとめている。

しかし、湯木は昭和三十六年に東京店開業で一段と忙しくなったことと、妻きくを亡くしたことが重なって、その頃から祭釜を掛けることを止めてしまった。湯木の晩年には、この情緒豊かな祭釜も次第に廃れて少なくなったが、湯木は良き風情が消えていくのを惜しみ、「昔はよろしおましたな」と、過ぎた日を思い出して話していた。

湯木が参加していた茶の湯の集まりはいくつかあったが、その代表的なものが文盲会と米塩会である。

文盲会と米塩会

文盲会は、戦後間もなく芦屋において古賀勝夫が中心になって始めた月次茶会が始まりであった。高畑誠一・宇野賢一郎（宇野商店）・小曾根貞松（阪神電車）・乾豊彦（乾汽船）・高原慶三・湯木貞一等の数寄者たちが当時の会員であった（昭和五十六年に北村謹次郎―北村美術館―が参加）。後に、会場を大阪伏見町の戸田商店（戸田鍾之助）に移して、年に三、四回、持ち回りで道具を持ち出しての茶会であった。いつも高畑と高原の二人が座の中心となって即席の狂歌を競い合い、道具の品定めをするのが楽しい恒例となっていた。湯木の晩年には年末に一回だけの茶会となったが、湯木は思い出の多い文盲会を「我が半生の茶会」と話していた。

米塩会は児島嘉助が中心になって発足した会で、美術品に親しみ勉強することを目的として、年に二、三回開催されていた。美術品の説明役は、中川砂村・高原慶三・小田栄作（春海商店）が担当していた。昭和二十二年に児島が逝去してから途絶えていたが、昭和二十七年に児島の七回忌（偲ぶ茶会）を吉兆嵐山店で催したのがきっかけで復活した。その時の発起人は、山本為三郎・北澤敬二郎（大丸百貨店）・竹腰健造（建築家）・岸本彦衛

（元貴族院議員）であった。その後、伊藤忠兵衛（伊藤忠商事）・塚田公太（倉敷紡績）・稲畑太郎（稲畑産業）・太田垣志郎（関西電力）・大林芳郎（大林組）・永井幸太郎（日商岩井）などの人たちが集まった。この米塩会再開のきっかけとなった案内状を掲げておこう。

拝啓　夏鮎冬鶉を食味の三昧境と申しておりますが、米爺翁（児島嘉助）は夏の鮎に愛着を傾けて居られました。今年も亦、蓮の花が咲いて鮎の油が乗り切り、軈て名残と爛けて行きます。時に米山居・吉兆相計り、シガー片手にヘラズ口の米爺を偲むで頂き度く、来る八月十七日午後三時、嵯峨小適庵吉兆迄、御旧交の皆様をお招き申上、茶煙を立て丶御歓談を得度く候。御顔ぶれなり老媼の声もたたば、暫し米爺も立ち帰るやも知れずと、茲に伏して万障御繰合せ御来庵の程、御願い申し上げます。

まずは御案内迄申し上げます。　敬白

昭和二十七年八月五日

米山居　児島嘉一

吉兆　湯木貞一

光悦会

さて、茶の湯を嗜む人の間でよく知られた、東西の双璧とされる茶会がある。東の大師会と西の光悦会である。

大師会（毎年四月）は明治二十八年（一八九五）に益田孝（鈍翁／一八四八～一九三八）が、弘法大師座右銘十六字の一巻を披露する茶会を、品川御殿山の自邸で催したことに始まる。その後、大正十一年（一九二二）に財団法人として会員組織となり、主に横浜の三渓園や東京音羽の護国寺が会場となった（昭和四十九年からは東京の根津美術館）。

光悦会（毎年十一月）は本阿弥光悦（一五五八～一六三七）の遺徳を偲ぶと共に、光悦の墓所である光悦寺（京都鷹峰）の護持を目的とした。土橋嘉兵衛（永昌堂）等の尽力によって大正四年に発足。大正十一年に財団法人化した。

湯木は新町店の経営が安定した頃に、名古屋の茶匠下村実栗（西行庵）の孫の下村春章に伴われて、初めて光悦会に参加したという。その後は毎年、晩年までほとんど欠かすことなく出席していた。若い頃の光悦会での思い出がある。当時、光悦会会長であった大谷尊由（西本願寺／一八八六～一九三九）と、古美術商の川添と共に偶々同じ床几に腰を掛けることがあった。その時、川添が大阪の料理屋の吉兆さんです、と大谷に紹介をした。湯木が白井半七と親しいことを知って大谷は、出されていた半七作の湯呑の絵について懇切な話をしたという。湯木は大谷の風格のある姿とにこやかな態度が印象的で忘れられず、「お茶という道の有難さを感じた」と何度も話していた。

そして、昭和三十一年に古賀勝夫の勧めで、太虚庵席において光悦会で初めての釜を掛けた。この後も機会があり、光悦会では都合五回も茶席を担当した。また、大師会は三十九年と四十一年の二回、釜を掛けている。光悦会と大師会共に、毎回担当の茶席は変わったが、それぞれの茶席の趣に応じたように道具組を行っていて興味深いものがある。

光悦会で初めての太虚庵では、宗峰妙超（大燈国師）墨蹟古徳偈に瀬戸肩衝茶入銘飛鳥川と大徳寺呉器茶碗を取り合せている。昭和四十年は徳友庵で掛物が絵因果経、鴻池家伝来の猿鶴蒔絵茶箱に又隠棗と井戸脇茶碗銘長崎。四十六年は三巴亭で熊野懐紙藤原雅経筆に春正作秋草蒔絵雪吹と釘彫伊羅保茶碗銘秋の山。四十九年は騎牛庵で痴絶道冲墨蹟晦巌語之偈に唐物茄子茶入銘紹鷗茄子と大井戸茶碗銘対馬。五十八年には三巴亭において、高畑清鴨庵様をお偲びしてと題して、寄付に尾形光琳筆達磨図、本席には春日宮曼茶羅図を掛けた。

大師会と不昧公百五十年祭

大師会は昭和三十九年、三渓園の臨春閣の席が最初であった。湯木は寄付とした天楽の間に、柳橋図屏風（六曲一双）を引き巡らし、本席の床には佐竹本三十六歌仙絵在原業平を掛け、野々村仁清作色絵柳橋図水指と唐物肩衝茶入銘富士山と青井戸茶碗銘春日野とを取り合せた。臨春閣の名にふさわしい華やかな道具組である。四十一年は聴秋閣が会場であった。床は一休宗純筆の一行薫風自南来に、瀬戸肩衝茶入銘春山蛙声と蕎麦茶碗銘夏月で、初夏の風情でまとめている。

また、昭和四十一年十月九日から二十四日にかけて松江市の明々庵と菅田庵で行われた不昧公百五十年祭記念大茶会に、湯木は熱心にとり組んだ。これは松平不昧の没後百五十年を記念したもので、不昧公百五十年祭協賛会が組織され、総裁に畠山一清、会長に島根県知事の田部長右衛門、顧問の筆頭に松永安左エ門が就任。湯木は理事の一人に名を連ねている。

東京・大阪・京都・名古屋・金沢の五都美術商連合会が各茶席を担当したが、大阪席はこの年に合わせて移転再建された不昧好みの明々庵で、十月九日と十日に行われた。湯木は、兼好法師筆原鹿の詠草・又隠棗・釘彫伊羅保茶碗銘秋の山・片桐石州作茶杓銘宗仙の面影を出した。そして、記念展覧会へは唐物肩衝茶入銘富士山・丹波耳付茶入銘生野・利休作茶杓銘ヤハラ道怡などを出品。不昧の道具帳「雲州蔵帳」記載の道具が中心である。湯木は「遠いので大変でしたけど、本当に楽しいことでした」と話していた。不昧を偲ぶ茶会に参画したことは、湯木には大きな感慨であったと思われる。

その翌年の昭和四十二年二月から四十四年十月までの間に、遠州流家元小堀宗慶の依頼を受けて、成趣庵（じょうしゅあん）で九回も釜を掛けた。それは、毎回茶杓を削りましょうとの小堀の言葉がきっかけであったが、毎回、大阪から道具を運ぶことになった。吉兆の点心（てんしん）も用意されたためか、会員限定の茶会であったにも拘（かか）わらず、毎回、大勢の来客で賑わった。

その中でも、昭和四十二年七月の朝茶の時はすさまじいほどの人出であった。朝六時半から十時半の予定であったが、早朝五時四十五分には一番の客が到来。臨時会員が次々と来て昼近くになっても客が続き、とうとう正午に門を閉めたほどであった（「成趣庵朝茶記」）。湯木は道具万端を大阪から運び、当日は朝二時半から起きて準備をした。こうした湯木の姿について、非凡人でなくては出来ない業であり、吉兆さんの精神力と若やぎ方が羨ましい、と田山方南が書いている（『遠州』十五号）。

また、昭和四十七年に織田有楽（うらく）（一五四七〜一六二一）ゆかりの茶室如庵（じょあん）（国宝）が旧正伝院書院と共に、神奈川県大磯の三井邸別荘から愛知県の犬山ホテル前の空地に移された（「有楽苑（うらくえん）」となる）。そして、その翌四十八年十一月に第一回如庵茶会が行われ、濃茶席は金沢の林屋亀次郎（林鐘庵）、湯木が薄茶席を担当している。

昭和五十五年には大阪府堺市の市制九十周年記念事業の一環として、仁徳天皇陵に隣接した大仙公園の一角に、今井宗久（一五二〇～九三）ゆかりの茶席黄梅庵が小田原の故松永安左エ門邸から移設された。この時、併せて仰木魯堂設計の伸庵が福助株式会社から寄贈された。黄梅庵・伸庵保存会が組織され、立花大亀（大徳寺）や松下幸之助等と共に湯木も理事の一員となり、十月十七日の席披きには黄梅庵で濃茶席を担当した。

数寄者として

長々と茶歴の一部を紹介したが、こうした湯木の様子に高原杓庵は、

> 半年に五たびの茶会やりとげし吉兆庵の茶魂たくまし、東西茶に明け暮れる吉兆庵それぞれで商売家も繁昌、

と書いている。

手狭であった東京店の増改築が行われた昭和五十一年（一九七六）と五十七年には、それぞれ披露の茶事が行われた。

昭和五十一年は五月二十三日から七月十六日の間に十二回が行われているが、そのうちの一会を紹介すると、六月二十二日には円城寺次郎・近藤道生（博報堂）・金重素山（陶芸家）・竹原はん（舞踊家）・坂本五郎（古美術商）・林屋晴三（東京国立博物館）・立原正秋（作家）を招いた。湯木の交友の広さが窺われるが、近藤（平心庵）は益田鈍翁の主治医であった近藤外巻の息子で、茶の湯に造詣の深い博識の人である。金重は古備前徳利の取り持つ縁である。素山の兄の陶陽が、湯木の所持していた古備前徳利銘年忘れを譲って欲し

いと、人を介して幾度も重ねて懇望をし、湯木はつい手放してしまった。立原はこの時、水屋見舞いに鯵の干物と一升瓶を持参した。

昭和五十七年の時は、六月二十一日から九月九日までの間に三十三会、二百二十九名もの来客を迎えた。

茶事での湯木について、戸田宗寛（裏千家名誉教授／一九〇三〜八二）の文章がある。

> ここで私が一番敬服させられましたことは、吉兆氏自身が御茶人になりきって、迎え付け・炭点前・濃茶点前とのすべてを順序よく務められたということでありました。これには数寄者として近代には稀な御心がけが見出され、何よりもかたじけなく、さすがと、思わず大向こうから声を掛けて見たくなるような気持にさせられ、それをありがたく感じて、未だに忘れることができません（『茶の湯無古無今』）。

湯木が茶事で自ら点前をするということは、生涯、いつの場合も変わらなかった。湯木は茶道具・茶室・懐石・点前と、茶人としての実践をしていたのである。「自分で点前をしなかったらお茶になりません」と話していたが、その稽古は誠に真剣なものであった。湯木は道具収集だけではなく、茶の湯の心とその趣が本当に好きなのであった。

ずっと後の平成元年に米寿の茶事を行った時には、盆点という服紗捌きの複雑な点前を行ったが、この点前はすでに経験があるにもかかわらず、時間に余裕ができると美術館の三階にある和室で稽古をしていた。新しい気持ちで茶事を迎えようということからであったと思われるが、「年がいくとなかなか覚えられませんな」と言いながら何度も練習を繰り返した。その真剣で熱心な様子は心温まるものであった。

　そうした湯木について、先述した濱本宗俊の言葉も引いておこう。

「配膳から薄茶まで、いかにも楽しげに全く独りで振る舞われたことは、現代数寄者への大きな示唆とも思われました。その所作はあくまで慎ましく、心で点てて手で点てず、の意気そのもの」、「吉兆庵主曰く、持ち主と言ったところで、一日中持っていられるものではありません。いかなる名器も使わなければ死んだも同然と思っていますから、せいぜい楽しんでいただければ道具も喜びます、といった信条の持主。といってそれを扱うのは慎重そのもので、自分が預かるうちに名物を損じては申し訳ないといった心情が滲みでております。数寄者であって数奇者といえましょう。胸の覚悟の信念でもって、その趣向は作分にも当り、それによって、いついつまでも語りぐさとなる手柄をさりげなく催している、といった按配で、これが本当の茶数奇といえると思います」（『滴水庵茶の湯閑話』）。

濱本宗俊

濱本は、先にも記した昭和十五年に『茶道月報』で対談した人である。湯木は濱本のことを「頭が冴え弁舌が立つ現代の茶道界で欠くべからざる偉い宗匠で、これだけの見識をもつ方はおられない」と敬意をもって話していた。濱本との会話はいつも茶情深々たり、としたものであったという。その思い出の一つに次のようなことがあった。

ある冬のこと、湯木が濱本の家を訪ねて帰ろうとした際に庭の手洗いに入ったところ、急に霰が降ってきた。手洗いの外に出ると、目の前の四つ目垣に露地笠（茶席の庭で用いる笠）が立て掛けられていた。手洗いから玄関まで二間ほどしかない距離であるのに、露地笠を立て掛けて客を思いやる亭主。その臨機応変の心配りが誠に見事で、そこに風流があるという。亭主の心入れとそれを受け取る客との気持ちが通いあった風流が心に沁みるという。

濱本とは大徳寺如意庵の立花大亀（一八九七～二〇〇二）と共に、親しい交流が長く続いた。昭和五十六年（一九八一）に湯木が登場した「日本の顔」の特集の中で、「三人合わせて二四二歳」と紹介され、一緒の写真に収まっている（『文藝春秋』）。

「老師と宗匠と自分は、茶を真剣に誓い合った茶徒であった」と話していたが、濱本が逝去した日の記録には、日本の茶道の偉大なる火焔の固まりが消えた。思い出に尽日を過ごす、とある。

湯木は高原から釜掛け商売繁盛ですな、とからかわれたりするほどに茶事や茶会を催したが、何ヵ月にも亘る長期の茶事や依頼を受けての茶会とは別に、折々に親しい友人と茶事を楽しんでいた。ふと茶心が湧いてくると矢も楯もたまらずに、「お茶事をしようと思いますが、明日のご都合は如何ですか」と電話を掛けた。二人程のお客が決まると、その翌日に茶事を行うこともたびたびのことであった。興の赴くままに茶の湯を楽しんでいたといえる。湯木は少人数の茶事が好きであった。「茶事は、亭主と客が本当に斬り合いをしているようなもので緊張感がありますな」と話していたが、その丁々発止の緊張感が楽しくあったのであろう。大寄せの茶会に対しては、茶の社交であって、茶の湯ではないのではとの考えを持っていた。

湯木が生涯に催した茶事や茶会の数は残念ながら正確には判らないが、ごく内輪の茶事を含めて、おおよそ五百会はくだらないのではないかと思われる。

入門五十年

そんな湯木の茶の湯入門五十年を記念した茶事が、昭和六十二年十月三十日に行われた。高麗橋店の小堀遠州筆容膝軒の扁額が掛かる五畳台目の茶席で、表千家家元而妙斎・左海祥二郎・久田宗也・永楽善五郎・生形貴道を招いた。

本席の床には宗峰妙超（大燈国師）の墨蹟古徳偈を掛け、唐物茄子茶入銘紹鷗茄子と大井戸茶碗銘対馬を用いた。

湯木はいつものように自ら懐石を運び点前をした。そして、茶事の終了後に、来庵の一行が開館を間近かに控えた湯木美術館を訪れたが、一歩遅れてきた湯木は高揚した気持ちそのままの表情であった。その日の記録に「真に一期一会の茶会なり。つつがなく真に目出度い」と記している。去りし五十年を振り返って感慨無量であったことだろう。

湯木は茶事について「茶の湯は茶事が根本です。これはもう改良する余地はないでしょう。改良せずに、そのままきちんと古風な茶事を守っていかないといけない。人生は百年もない。その僅かな寿命のあいだに、一期一会のお茶事をするということは、やっぱり、畢生の一つの行、楽しみの行と言ってもいいかと思います」と語っている。

湯木が茶の湯に深く傾倒していた様子を述べてきたが、茶事の亭主となるだけでなく、茶事に招かれて客となることも当然ながら多く、そうした招きを受けた後、必ず礼状（後礼）を書き送っている。その礼状は、先方によって掛物に表装されている場合が少なからずあるようだが、その中から一つを紹介しよう。

光悦寺の山下恵光住職が「茶事をして客を招くことで、客に教えていただくこと、はげまされることはあまりにも多い。この手紙は茶事の後礼として、吉兆主人湯木貞一氏からのものである」として、湯木の手紙を紹介している（『茶道雑誌』）。

手紙はまず、茶事の御礼を述べた後に、懐石の飯椀と汁椀は必ず温めておくように勧め、次に「白みそ汁はぐんと濃くお仕立て願いあげたく、一夜豆腐はまことに時候柄俳味深き御趣向乍ら、実に客にとりてはすぎたるは不及の事、嵯峨豆腐ほどの豆腐大き目のすくい豆腐として昆布湯にて熱くおぬくめくださるがよろしきかと存じ候、吸口として蕗の薹きざみ、又落し辛子と云う普通のところを白吉兆は御進め申候。云々」とある。これは席中で料理について質問を受けたことに対しての返答でもあるようだが、住職夫人の料理に対して、料理人の真似ごとよりも、主婦としての料理がよいと書いている。湯木の料理に対する考え方の一端を示すものであるが、巻紙に長文を丁寧に書き綴っていて、湯木の人柄も窺われる書状である。

先輩数寄者との交流

湯木は「茶の湯のお陰で、数寄者と言われた多くの方々と親しく交わる機会を得たが、そのことが自分にとって大層な勉強になった」と、よく話していた。そして、小林一三・松永安左エ門・畠山一清・藤原銀次郎（王子製紙）・五島慶太・服部正次（服部時計店）・塩原又策（三共製薬）・村山龍平（朝日新聞）等の名前を挙げていた。それぞれに忘れられない思い出があるが、その中で最も深く心に残るのは松永安左エ門であると話していた。

松永安左エ門

松永安左エ門（耳庵／一八七五〜一九七一）は長崎県の出身で、特に戦後の日本の電力事業再編成に大きな力を振い、電力の鬼と言われた人であった。益田鈍翁らの勧めで六十歳から茶の湯に親しみ、『論語』の「六十而耳順（じじゅん）」から号を耳庵（じあん）とした。『茶道三年』『わが茶日夕』など茶の湯に関する著書があり、その優れた茶道具などのコレクションのほとんどは、東京国立博物館と福岡市美術館とに収蔵されている。

　二人の出会いは戦後のことであった。耳庵が東京で定宿としていた築地の旅館細川に湯木も宿泊したことがあった。その時、旅館の女将が耳庵に「大阪の料理店吉兆の御主人が泊まっておられます」と話して、耳庵から「お出でを乞う」との連絡が届いた。耳庵の部屋を訪れると、耳庵の点前で濃茶が振る舞われた。それ以降は、湯木が旅館に着くとすぐに、お茶はいかがですかと声が掛けられ、滞在中は毎朝、濃茶一服をふるまわれて一刻を過ごした。濃茶を耳庵が点て、一服を頂くというすずやかな時間であり、それが湯木の心に沁（し）みた。形式ばらず華美でもなく、それでいて奥ゆかしさがあったという。また、その頃、不眠症気味であった湯木に対して、耳庵は常用する睡眠剤を届けてくれたこともあった。耳庵は、光悦会のあとなどに、吉兆の高麗橋店や嵐山店を訪れた。湯木は小田原の邸（老欅荘（ろうきょそう））や松永記念館をたびたび訪れ、軽井沢の中部電力の寮に泊めてもらったりもした。「いつも穏やかな笑顔で、お目にかかるのが楽しみな方であった」と湯木は話していた。

昭和三十三年（一九五八）十月、住友銀行からの依頼を受けて、湯木がニューヨークの日本倶楽部へ日本料理の指導に出かけることになった。

その時、僅か一ヵ月の旅行に対して、出発の数日前に柳橋の柳光亭にて、松永耳庵・服部正次・藤原銀次郎・高畑誠一・北尾鐐之助らが送別の茶事をしてくれた。この時、高畑が即興の和歌を書いた扇子が残る。耳庵はさらに歓送会を計画して、出発前日の十月九日に、古美術商赤坂水戸幸の梅露庵（ばいろあん）を会場に湯木を招待した。定刻になって、亭主の耳庵の姿が見えないままに茶事が始まり、懐石・炭点前・濃茶・薄茶が手際よく進められた。そして、とうとう最後まで耳庵は姿を見せなかった。湯木は、何か忙しい用事がお出来になったのであろうか、と思いながらも、些（いささ）か釈然としない不思議な気持ちであった。

余談ながら、若い頃から湯木の頭髪は五分刈りであったが、アメリカでは囚人と間違えられると注意を受けて、出発のために髪の毛を伸ばしたという。今では考えられないことである。

一ヵ月後に帰国してから、湯木は歓送会の前日に、かねてから療養中であった耳庵の夫人が逝去したと聞かされた。耳庵は歓送茶事に関係した人たちに、吉兆君には知らせるな、と厳命したのであった。しばらく後に、湯木は小田原の耳庵邸を訪ね、夫人の霊前にお参りをし、その夜は持参したスッポン鍋で酒を酌み交わした。「耳庵翁は穏やかに莞爾としておられたのが印象的だった」と湯木は話していた。

その三年後に、今度は湯木の妻きくが逝去した。その時、耳庵から長文の悔み状が届けられた。

耳庵翁の悔み状

何と今朝ハ自分の松泉会（友人同士）ヲ昼から、又年末の遺言状ヲ例年にて認メ、細川旅館冬晴ノ座敷にて漸ク一服の例茶を喫しておる時　何んと永らくの御連れ合が此二三日前に亡くなられた由承り驚入り候　私も三年前の経験有之　此位一生ニ深き悲を感しタ事ハ有りません　御察します　併せて遥かニ冥福を禱り上げます　私の事ヲ思ヒ出しますと　アレカラ慰メとして朝夕独楽ノ茶を伴侶とし　又研究所の仕事に精根を傾け　一切亡妻ノ事ヲ忘ルル事ニ骨折りマシタ　老妻が死ンダ翌日ハ富山ニ出掛け　丁度十一月三日のお昼　有峰のダム視察ニ心ヲ紛ラシ　鉄兜を被リテ向フニ薬師山ヲ拝シテ自然と亡妻ノ冥福ヲ此霊山ニ祈り　一服ノ茶ヲ拝服シマシタ　尊厳神聖慈愛清浄限り無き仏徳ヲ満身ニ浴ビマシタ　兎ニ角アナタハ商売ヲ此上トモ御励み是ニより亡き奥さまノ満足と供養を為される事ヲ希望します

卅六年十二月　　茶友心友　松永耳庵　　湯木貞一様貴下

湯木は茶友心友と書かれてあるこの書状を、大層忝い思いで受けた。此の手紙が心の拠りどころ、また身の光となっていくであろう、とその日の記録に書いている。そして、早速その手紙を掛物に表装した。そのしばらく後に、耳庵から有峰のダム視察で薬師山を拝した時の写真が届けられた。山中で毛皮のチョッキを着た耳庵が、アルマイトの薬缶を前に抹茶を点てている写真である。この書状と写真からは、耳庵と湯木との親密な気持の交流を窺うことが出来る。

ちなみに、耳庵が湯木の料理について述べた書状が残る（昭和三十八年）。

吉兆の料理、天下ニ冠たりとハ過言でありません。遡って考へればデザインです。更ニ遡れば茶です。（中略）湘南の白梅見頃ニ付、其内遊ビニおいで　草々

二月十一日　耳庵（花押）　吉兆様直下

耳庵は湯木の料理の本質を見事に喝破している。其内遊ビニおいで、には親子ほども年齢の違う耳庵であるが、温かな親しみの心が表れている。

また、耳庵の言葉を田山方南（文化庁文化財調査官／一九〇三～八〇）が書いている。

咲いた月見草、高原の美しさ、茶の話も出た、耳庵翁のほころびの笑ひ、咄々と電線を通して話す。益田鈍翁・原三渓・馬越翁、なんといっても今の吉兆さんはきびしさ

がある、ええ加減という事を許さない気持、そんな人は少なくなった、と耳庵翁は語った。

昭和四十四年七月三十日　軽井沢中部電力寮にて　旅士方南

これは親しい間柄の耳庵と田山の電話での会話を、田山が巻紙に書いて湯木に送ってくれたもので、耳庵が数寄者としての湯木を認めていたことが判る。

小林一三

この本文中でたびたび、日記などの記録を引用している小林一三（逸翁／一八七三〜一九五七）もまた、茶の湯が取り持つ縁であった。小林は阪急電鉄の創業者で、宝塚歌劇を創設した人でもある。数寄者として知られ、そのコレクションは生前の住まいであった逸翁美術館に収蔵された（二〇〇九年十月、新しい建物に移転）。逸翁は独自の茶道観を持ち、『大乗茶道記』を著している。

畳屋町時代のことであるが、湯木が片桐石州作の羽箒を購入したことがあった。羽箒としては高額であったために、某誌にそのことが記事として掲載された。それを読んだ逸翁から、お手透きにお出でを乞うという電話がかかった。何事かと逸翁を訪ねると、「お互い道具の道楽は判っているが、羽箒ごときに高いお金を使うのは良くないよ。無茶をしてはいけない」と、誠にさっぱりとした物言いで忠告を受けた。逸翁は話が済むと、「ライスカレーを食べるかね」と勧め、酒でも飲もうと、ぐい呑みを五つほど盆に載せて出し、

「どの盃を取る?」と言い、一つを取ると「やっぱりそれを取るな。さすがに吉兆君や」と言って上機嫌であったという。

それ以降、たびたび茶事に招かれたが、「時に懐石が洋風で、ナイフとフォークが出されて驚かされた」と愉快そうに湯木は話していた。

昭和二十四年八月のこと。逸翁を朝茶事に招いたが、逸翁が体調を崩して欠席したことがあった。その違約不参を詫びた書状が残されている。

（前略）違約欠席御ゆるし下され候様、特使を以てお願い申上候　如此ニ御座候

西山芳園筆の慈姑の幅にそへて

腹くわゐいつも上々御料理は天下独歩のあしや吉兆　御一笑〳〵

この書状は芳園の画幅と共に届けられたが、逸翁の機知に富んだ人柄が窺われる。またある時、逸翁に茶杓よりも土地を買いなさい、と勧められたことがあったという。「経済人らしい言葉だと感心した」と湯木は話していたが、湯木は土地よりも茶道具の方がよかったのである。

逸翁の日記などには湯木の茶事や茶会のことがたびたび記載されているが、湯木の茶人ぶりについての個所がある。

吉兆湯木君が、近頃も仁清（作の）扇流しの茶碗を入手したという評判。棋界の猛者連をあつめて朝茶一会を催したという。（中略）吉兆君の名器を逃さず併呑して、適材適所に使いこなし、以て気を吐く茶人振りはまことにたのもしいと言わなくてはならぬ（『大乗茶道記』）。

畠山一清と松下幸之助

先に『茶会日記』の紹介をした畠山一清（即翁／一八八一～一九七一）との楽しい思い出がある。即翁は畠山記念館の創設者でもある。ある日の三時頃、湯木がひとりで畠山記念館を訪れたところ、たまたま在館していた即翁が「陳列品を見せるだけでは茶人としては恥ですな。陳列品を使って二人でお茶をやろう。店から鯛を取り寄せられるだろう」と言った。そして、吉兆の店から取り寄せた鯛を捌いて肴にし、二人で酒を酌み交わし、閉館後の展示室から持ち出した道具で茶を点て、一時を楽しんだ。湯木は即翁のコレクションに敬意をもっていただけに、思いがけない二人の茶の時間は楽しいものであったという。

松下電器（現パナソニック）の創業者である松下幸之助（一八九四～一九八九）は、裏千家の老分の役にあり、茶の湯の心を是とし各地に茶室を寄贈している。畳屋町時代からの客で、湯木とは長い付き合いであった。日々研鑽を重ねて前進しようとする姿勢に、「話していても教えられることが多くあった」と湯木は話していた。茶の湯は二人に共通するところであったが、湯木は松下から茶室を譲られたことがあった。三畳台目と二畳台目向板逆勝手の二つの茶室が、嵐山店に届けられ、次いで書院も贈られた。茶室と書院は一年がかりで一部改装を含めて完成した。湯木は茶室を幽仙と扇廼舎、書院は待幸亭とそれぞれ命名して、昭和三十九年六月から七月末までの間に二十一回に亙って新席披露の茶事を行った。その時、松下も来庵している。湯木は、松下が思索の場としていた京都南禅寺にある真々庵にも幾度も招かれるなどしていた。ある日、日蘭協会の集まりで出会った時、松下は「吉兆さん、私は八十八歳になったが百まで生きるよ。あんたも百まで生きなさいよ」と話した。湯木は「その旺盛な意欲に驚かされ、感心した」と話していた。松下の晩年には一週間の間、毎日昼と夜の食事を毎回献立を変えて松下に届けていたことが、献立帳の記録に残る。湯木の松下への気持ちが窺われるが、こうしたことは珍しいことではなかったようである。

茶道具の収集

湯木が好んだ茶の湯、そのためには当然のことに茶道具を必要とした。ここでは湯木の道具収集のエピソードをいくつか紹介し、湯木の道具への考え方の一端を紹介する。

収集の初め

湯木が茶道具の収集を始めたのは、新町の店の経営が順調に運び、開業資金も返却して落ち着いた昭和十年（一九三五）頃のことである。その第一歩は、野飼の銘を持つ織部黒沓茶碗（江岑直書付）であった。その沓形の茶碗は、黒釉が掛け外された部分に長石釉がたっぷりと塗られ、落ち着いた中に侘びた風情がある。三十代半ばの茶の湯初心者が求める茶碗としては驚くような渋い趣であり、湯木の美に対する感性の一端が窺われる。開業資金の三千円と同じ額であったところから、周りの人があっと驚いた買物だったという。昭和二十年代の茶会記にも銘野飼の茶碗がたびたび見えるが、残念ながら、その後に湯木の手を離れた。

先に記した芦屋時代の面白いエピソードの内容であるが、これは古賀勝夫の息子である古賀健蔵（野村美術館主査・茶道文化研究所／一九三一～九九）から聞いた話である。

戦後もしばらくたったある日、父の勝夫が風呂敷包みを持って帰ってきた。「いいものが手に入ったよ」と健蔵に声をかけ、二人で包みを開けて中の茶碗を眺めていたところに、湯木がふらりと家に入ってきた。湯木はその茶碗を眼にするなり、「ちょっと貸しとくなはれ」と言って、茶碗を自宅に持って帰ってしまった。そのまま茶碗は古賀の家には戻らなかったという。「茶碗が家に居たのは、ほんの一時間ほどのことでしたな」と古賀は笑いながら話してくれた。その茶碗は李朝時代の「釘彫伊羅保茶碗銘秋の山」で、釘彫伊羅保茶碗第一の名碗として知られ、湯木美術館を代表する茶碗の一つである。

実はこの話には前段があった。昭和十五、六年頃のこと、湯木は芦屋のある家へ懐石の出仕事に出かけた。その日、水屋を担当していたのは中川砂村（一八八〇～一九五七）で、湯木とはかねてからの知り合いであった。中川は茶室の設計や道具の鑑定に優れ、料理にも通じていた茶人である。湯木が茶の湯を好むことを知っていて、茶室から水屋に戻ってきた茶碗に抹茶を点てて勧めてくれた。湯木は一目でこの茶碗が気に入り、しきりに茶碗を褒めていたところ、その家の寺田甚吉（南海鉄道・岸和田紡績）が、「吉兆さん、それほど気に入ったのなら、あげるから持って帰りなさい」と言った。湯木は冗談でからかわれていると思い、大笑いした後、そのまま仕事の後片付けをして帰ってきた。

しかし、茶碗のことが忘れられずに、後日、白井半七に話すと、「お前さんはバカか。そう言われたら何もかも放り出して、『ありがとう！』とだけ言って茶碗を持って走って帰ってくれば良かったのに。私なら裸足（はだし）で走ってでも持って帰ってくる」と、自分のことのように足踏みして悔しがった。そういう思い出のある茶碗であったから、古賀の家で見た時に、矢も楯もたまらずに持って帰ってきてしまったのであろう。湯木と道具の縁の深さを物語る話である。

佐竹本三十六歌仙絵

湯木は戦前から茶道具を収集していたが、その収集の機会が増えたのは、昭和二十年代から三十年代前半にかけてのことであった。これは戦後になって社会の状況が大きく変わったことや財産税などにより、旧財閥（ざいばつ）や旧家などが伝来の古美術品を売り出して、古美術品が大量に市場に出回った時期であった。

佐竹本三十六歌仙絵在原業平もそうしたものの一つである。

周知の通り、秋田藩主佐竹家に伝来した三十六歌仙絵は上下二巻の巻物で、歌仙絵の最高峰に挙げられる名品である。大正六年（一九一七）に佐竹家から出た三十六歌仙絵上下二巻は、いったんは海運業松昌洋行の山本唯三郎の手に収まったが、第一次世界大戦後の不況によって大正八年には山本の手を離れることになった。しかしこの時、上下二巻の巻物を一人で購入する資金の余裕を持つ人がいなかった。そこで、益田鈍翁を中心にした数寄者や古美術商の人々によって、一歌仙ずつ切り離して、住吉明神を含む三十七枚が抽選にて譲渡されることになった（源宗于は山本唯三郎へ贈与された）。もっとも人気の高かった斎宮女御を最高値の四万円として、一歌仙ずつに値段が付けられた。ちなみに、処分世話人となったのは、益田鈍翁・高橋箒庵・野崎玄庵の三人である。

この時、在原業平を手に入れたのが、大日本麦酒社長でビール王と言われた馬越恭平（化生／一八四三～一九三三）であった。馬越は大層喜び、「美男子の代表の業平は、やっぱり当代随一の美男子の俺に当たった」と上機嫌で言ったという話が伝わる。

業平と言えば都鳥の連想からであろう、水鳥文様の慶長裂を中廻しに、一文字・風帯は高価な紫地印金の裂地を用いるなど、馬越はその表装に大変な心入れを尽くしている。

気品の漂う業平像にその表装は誠にふさわしく、本紙の趣を引き立てている。

昭和二十五年一月二十一日、「マゴシノ　ナリヒラカセン　デキタ　二四ヒゴロジサンス」との電報が、古美術商の玉井から古賀勝夫に届いた。さらに「二七ヒアサ　カセンジサンス　五〇ヨウイネガイタシ」の電報が古賀に届いた。早速に古賀から湯木に話が伝えられた。湯木は値段に驚いたが、迷わず即座に決断した。湯木は三十六歌仙の中でも在原業平であることが気に入り、うれしくて感激一入（ひとしお）であったという。妻のきくも「よろしおましたなぁ」と、お金の心配のことは一切言わず、湯木と一緒になって喜んだ。高原慶三も早速に店に駆けつけ、吉兆の店はお祭り騒ぎになったという。

きくの協力

きくは湯木の美術品の購入について、実際には支払いのやりくりに頭を悩ませていても、お金の算段をする苦労や不服を言ったことは、ほとんどなかったという。「家内は私が好きなことは一生懸命になってくれました」と湯木は話していたが、現在、湯木美術館に収められている美術品の大半は、会計を預かるきくの理解や協力がなければ、とても収集できないことであった。

その美術品収集に対するきくの協力について、高原が色紙に認（したた）めている。きくが亡くなった折のもので、結び文香合の絵に添えて、二世三世ちぎりをこめしむすび文置きみやげして遠い旅立、とある。これは野々村仁清作の結び文香合が、きく在世中の最後の買物となったことを詠んだものである。そしてまた、高原は、金力で集めたものでなく、（夫妻の）熱と愛で集めた道具とも書いている。

湯木は早速、この在原業平を披露する茶事を四月十日から十八日までの間に六回行っている。この時は同じ佐竹本三十六歌仙絵の所蔵者たちも招いた。小野小町の藤木正一、藤原高光の小林一三、紀友則の野村徳七（きく）であるが、その時の湯木の心の高まりが推し量られるようである。

この後は、歌仙絵に添えられた業平の和歌（世の中にたえて桜のなかりせば春のこころはのどけからまし）に合わせて、湯木は桜の季節の一日を、この幅に一人で対して抹茶を喫することを恒例の楽しみとしていた。

御所丸茶碗

李朝の焼物で御所丸（ごしょまる）と呼ばれる茶碗がある。これは対朝鮮交易の御用船御所丸で運ばれたことからの名称とされるが、沓形（くつがた）茶碗の肌が白地と黒刷毛（はけ）が施されたものとの二種がある。

昭和八年（一九三三）十月、備後福山の藤井家の売り立てが行われた。藤井家では大正十一年に設立した福山電気株式会社のダム発電所のディーゼルエンジンの費用に充てるために売り立てを行ったのであったが、世に知られなかった名品が沢山あったことから、一躍古美術商の間で注目を集めることになった。伝岩佐又兵衛浮世絵中屛風・乾山作絵替筒向付十客・利休筆白餅の文などの中に、筆頭の名品と評判であったのが白御所丸茶碗（藤井御所丸）であった。土橋嘉兵衛と三尾邦三の二人の間で熾烈な競り合いが行われ、ついには十六万円という当時の茶碗の最高値を記録した。そして、先述の寺田甚吉の手に渡り、戦後に、芦屋に近い岡本に住まいしていた松岡魁庵の所蔵となった。松岡と親しい間柄であった縁で、三十年頃に湯木の手に移された。また、その後には、乾山作絵替筒向付十客・利休筆白餅の文も湯木の手に収まることになった。

この経緯を記した高原慶三の長文が残るが、その中で高原は、「偶然か必然か、乾山筒・白餅の文も湯木家に収まる。誠に道具冥利に恵まれた人もあるものか」と書いている。

この御所丸茶碗は後に、松永耳庵によって由貴の銘が付けられ、耳庵が箱書をしている。これは茶碗の釉景色に春の淡雪のような風情が感じられることと、所蔵者の湯木にちなんで付けられたもので、湯木はこの銘を多として、正月の茶事などによく用いた。この由貴以外にも、黄瀬戸平茶碗の銘みおつくし・柿の蔕茶碗の銘茨木など、耳庵によって銘が付けられた茶碗がいくつかある。

道具収集のさまざま

先に記した藤井家旧蔵の乾山作絵替筒向付十客についてである。ある古美術商で湯木はこの絵替筒向付を見たが、値段が高いのでしばらく預かりたいと、店に持ち帰り床の間に置いていた（湯木は購入に迷った時は、しばらく道具を預かり朝夕に眺めて決断をしたという）。ところが、その古美術商に上得意の客が来て、何か良いものはありませんかと言った。それで古美術商の店員が吉兆の店にやってきて、湯木が留守であるのに絵替筒向付を持ち帰って客に見せた。上得意の客はそれを見て首を縦に振らずに、そのまま仕事で東京に行ってしまった。一方、湯木は、店に帰ると床の間に置いた絵替筒向付がないので、大慌てで古美術商に行き店に持ち帰った。その時は購入を決めてのことであった。一方、上京した上得意の客が、東京の古美術商に絵替筒向付のことを話したところ、是非買うべきだ、と購入を勧められた。早速、東京から、あれを貰うと電話を掛けてきた。それを受けた古美術商は、湯木に絵替筒向付を返してほしいと言ってきた。しかし、湯木も譲らず、古美術商は両者に挟まれて大騒ぎの末、ようやく湯木の手に収まったという。これに類した話は別にもある。

芦屋で、古賀勝夫が得意客を招いて茶会をした時のことである。近所でもあり湯木が一席目の客となった。湯木は黄瀬戸（きせと）の蓋置（ふたおき）が気に入り、茶会の終了後に譲り受ける約束をした。ところが、次の席の客がその黄瀬戸の蓋置を欲しいと言いだした。その客を一席目に招いたのではないことが露見するので、「既に約束があります」とも言えず、古賀は承諾してしまった。後でその話を古賀から聞いた湯木は、「うちは料理屋や。大会社の社長とは違う。でも、道具を好むものとしては平等のはずや。絶対におかしい」と怒った。結局、黄瀬戸の蓋置は二席目の客に譲り、古賀が蔵から出してきた黄瀬戸福字鉢を湯木が譲り受けることで一件落着となった。この鉢は黄瀬戸鉢の優品で、湯木美術館の代表的な鉢の一つである。

　この二つの事柄は晩年になっても愉快な思い出らしく、湯木は笑いながら話していた。日頃、温厚な湯木が怒ったというのは驚くことだが、それだけ思い入れが深かったということと、理不尽なことは嫌いという性格からであろう。

　このように、湯木の収集した道具には多くのエピソードが伝えられているが、いずれにしても、何か不思議な縁によって道具が手元に集まってきたような感がある。

　湯木は濱本宗俊に、道具あつめの猛者と言われたが、湯木は自分の楽しみのためのコレクションというだけでなく、料理でいただいたお金は料理に返していきたいという考えを持っていた。心を込めた料理を盛る器、部屋のしつらいのための掛物や花入、書院の飾り、さらに茶道具など、必要な道具や欲しい道具が沢山にあった。湯木の道具のコレクションは使うために求めたものばかりで、秘蔵しておくために所持するものは一点もなかった。現在、湯木美術館に収蔵されている道具のすべてが実際に湯木の手によって使われたものである。道具は使うことによって生きるという考えであった。

しかし、湯木とて潤沢（じゅんたく）にお金があったわけではなかった。先に、古備前徳利銘年忘れのことを記したが、金重陶陽（人間国宝／一八九六〜一九六七）からたびたびの懇望を受けても、湯木は古備前徳利を手放す気は全くなかった。ところがちょうどその頃に、ある古美術商で瀬戸肩衝茶入銘春山蛙声（しゅんざんあせい）を見せられた。湯木は心が引かれたが資金の問題があった。その時ふと、古備前徳利を手放せば茶入を購入する資金が出来ると思ってしまった。そこで、金重の要請を受け入れた。その茶入は、独楽（こま）のような形で緑味を帯びた釉がかかる。端正な品格を備えた名品で益田鈍翁旧蔵の品であった。しかし、湯木は手放した古備前徳利も忘れがたく、「あれは心が残りますな」と話していた。美術館で瀬戸肩衝茶入銘春山蛙声を展示した時に、「あんたは古備前徳利と、この茶入とどちらが良いと思いますかな」と、筆者に問うたことも一度ならずあった。

このように道具の収集は思い通りにはいかず、気に入った道具があっても諦めることも多々あった。また、好ましいと思った道具一点を購入するために、以前に気に入って求めた道具を何点かまとめて交換する、あるいはお金と道具を合わせて交換するなどの努力もしている。「余裕があって気に入ったものを右から左へ、というような買物は出来ていません。何度も血の涙を流しましたよ。道具に出会う喜びと別れる悲しみ、その繰り返しでしたな」と話していた。

湯木美術館開設

美術館の計画

湯木は、私事のすべては質素に済ますようにしていると話していたが、吉兆の店以外の自分の贅沢のための不動産は一切持たなかった。道楽としては他に歌舞伎を見る以外にはなかった。ただひたすらに、料理と茶の湯に打ち込んでいたのである。

こうした湯木のコレクションは、質の高いものとの評判が高かった。湯木は、皆さんに楽しんでいただければ道具も喜びますといって、茶会や茶事では道具を惜しむようなことはなかった。それでも、実際に湯木の道具を眼にする人は限られていた。美術館を作って沢山の人に見て貰ったら、と勧める人がいて、湯木は気持ちが動いた。

公開によって文化の向上にいささかの寄与が出来るのではないか。あるいは自らの美に対する感性を、道具を通して表現出来るのではないか、という思いもあった。さらに、心を傾けて集めた道具を分散することなく、後世に伝えることが出来たら、などの思いが重なって、徐々に美術館設立への気持ちが固まっていったようである。

美術館の構想は昭和五十七年（一九八二）頃から持っていたようだが、昭和五十九年三月に「美術館に関する基本会議」が開かれ、美術館設立を具体的に進めるための話し合いが持たれた。そして、昭和六十年十一月に「財団法人湯木美術館設立準備委員会」が正式に発足した。翌六十一年四月に美術館建設のための地鎮祭が行われて、準備が本格的になった。ついで、六十二年七月に「財団法人湯木美術館設立発起人会」が開かれた。十月一日に財団法人設立の認可を受け、美術館開設の準備が整った。

湯木は美術館開設について、自分の葬式と思って欲しいと子供たちに話したが、財団法人設立認可の知らせを受けた時は、「我が生涯の実に偉大なる祝日なり。我が人生、感謝の限りである」と喜びを記している。

美術館の建物

美術館の建物は、戦後の吉兆の新たな出発点となった平野町店の跡地を利用することにした（平野町店閉店後の建物は、吉兆の事務所や従業員の寮などとして使われていた)。南北に細長い敷地に八階建ての瀟洒な建物が建てられ、その一階から三階が美術館となった。二階に設けられた展示室は約百四十平方メートルと小さなスペースであるが、茶道具を展示する空間として茶室の雰囲気にするために壁面は聚楽壁(じゅらくかべ)とした。間接照明にして、展示ケースは展示品が見やすい高さに設定して、その前には幅十八センチほどの手摺(てすり)台を設けた。じっくりと展示品を楽しんで頂きたいという思いからであった。そして一畳台目の茶室の展示空間を設けた。こうして出来上がった展示室は、都会の真中とは思えない清閑な趣の空間となった。

この内装の時、施工会社の担当者が、一畳台目の茶室を「展示するための茶室だから、適当に寸法を縮めては如何でしょう」と言った。狭い展示室を少しでも広く使えるようにとの配慮であった。しかし、湯木は「まがいものは困ります。そこに座ってお茶の点前が出来るように、きちんとした寸法でないといけない」と言った。そして、壁床の位置にも、突き上げ窓にもこだわった。何事も間に合わせの適当なものでは、本当のことが伝えられない、という考え方を持っていた。そして「お客様に本当のお茶の魅力を知っていただくのに、本来の寸法や位置でなくてはいけない」と言った。

湯木は、この美術館を茶の湯の魅力を伝える美術館にしたいと考えたのである。そして、長年、お茶を料理の縦糸あるいは横糸におき、その真髄を究めたい、と考えてきただけに、美術館の名称を茶懐石美術館としたいとの希望を持っていた。しかし、一料理屋がそのような名称を名乗るのはおこがましいことであろうと諦めて、姓をもって美術館の名称としたのであった。

別のエピソードがある。展示室の上の三階が学芸と事務に関する場所で、館長室もここにある。この館長室の内装を行うに当たり、施工会社の担当者が「館長室の内装はどのようにしましょうか」と湯木に尋ねた。これに対して湯木は、「上質のものをさりげなくして下さい。目立つようなことは要りません」とだけ答えた。部屋の色彩や素材、寸法や形などの具体的な指示は一切しなかった。担当者は湯木の返事を聞いて随分と頭を悩ませたそうである。完成した館長室は淡いグレー系統の色を主体にまとめられた静閑な部屋である。中央には大きな漆塗りのテーブルとその周りにゆったりとした椅子が並べられており、落ち着いた雰囲気で誠に居心地が良い。その部屋を見て、湯木はにっこりと笑って「御苦労さん」と言った。「うれしかったですなぁ」とは担当者の言葉である。湯木は人を見ていたのであろう。

美術館開館

　昭和六十二年（一九八七）十一月三日が開館日と決まった。その日の招待状には「なにぶん市中の商家の跡地でもあり、間口の狭い誠に小さな美術館ですが、茶の心を生かした美術館にしてゆきたいと念願しております」と書いている。

　また、開館に際して作成された『湯木美術館蔵品選集』の挨拶文の中で、「茶の湯が日本文化のあらゆる面に影響を与え、また、日本料理の完成の上にも大きな力があったことを知り、私はその奥の深さに魅せられました。そこで、日本料理の風姿を通して茶の湯の心を賞翫し味わってもらうことを願って、その真髄を表すべく長年に亘って研鑽を重ねてまいりました。また、一方で茶道具にも強く心を惹かれ、少しずつではありますが茶の湯の心を重んじた美術品を集めてまいりました。それらを眺め、あるいは茶を点て、料理を盛るなどして使うたびに心豊かな満たされた気持になります。茶の文化、日本の文化の持つ魅力をしみじみと感じるのです」と述べている。

　この図録には湯木美術館の代表的な作品百十点余が掲載されているが、開館時の館蔵品は九百五十点。重要文化財八点を含む（平成二十二年一月現在、重要文化財十一点）。

　開館を記念した展覧会は「開館記念名品展」のタイトルで、前期と後期の二期にわけて行われた。簡単に前期の展示品の主なものを紹介しておこう。

掛物　◎石山切（伊勢集・両面表具）／◎熊野懐紙　藤原雅経筆／◎宗峰妙超（大燈国師）墨蹟古徳偈

水指　祥瑞蜜柑水指／信楽芋頭水指　本阿弥光甫作

茶入　◎唐物茄子茶入銘紹鷗茄子（みほつくし茄子）／丹波耳付茶入銘生野

茶碗　大井戸茶碗銘対馬／◎志野茶碗銘広沢／釘彫伊羅保茶碗銘秋の山／黒楽茶碗銘きりぎりす　長次郎作／赤楽茶碗銘是色　道入作

棗　黒大棗　利休在判

茶杓　春屋宗園作（無銘）／利休作　銘ヤハラ道怡

懐石の器　◎織部四方手鉢／呉須赤絵花鳥鉢／黄瀬戸福字鉢／絵替筒向付十客　尾形乾山作／雪笹手鉢　仁阿弥道八作

他に鴻池家伝来の猿鶴蒔絵茶箱など　（◎　重要文化財）

湯木は子供の頃から、中現長に出入りの商人が鉢や皿、椀などの食器を持ってきた時は、必ず父に呼ばれた。「父の膝にもたれて、ぼて籠から次々と取り出される器を眺めながら、父と商人との話を聞いているのが面白く興味深かった思い出がある」と話していたが、そうしたことも道具を見る眼を養うことになったのであろう。

湯木は人に問われて、お金よりも道具が好きと答えているが、美術館に収蔵された道具は、当然のことに湯木の好みを映している。それらの特徴は穏やかで品格のあるもの、洗練された趣を持つもの、その中に侘びや寂びが感じられるものということが出来る。荒々しいものや品格のないものは好まなかった。湯木は自らの美の感性と心の琴線（きんせん）に触れたものを選んでいた。美術館に収められた道具は種類が違っていても共通した雰囲気を持ち、お互いにちぐはぐになることはなく、展示室に並べると一つのハーモニーを奏でているような感があった。

美術館への想い

美術館の開館後、湯木は美術館に来ると必ず最初に二階の展示室に足を運び、ゆっくりと展示を見て回った。週に二回、三回と来る時もそれは同じであった。開館して五ヵ月近くの三月下旬のこと、季節に合わせて佐竹本三十六歌仙絵在原業平を展示した。湯木はその展示ケースの前で立ち止まり、無言で眺めて、しばらくの間動かなかった。生涯をかけたコレクションの中でも思い出の深い業平が、ガラスケースの向こうに展示されているのを見て、特別の感慨があったのであろう。

やがて開館二年半が過ぎた頃から、展示品を眺めながらそれにまつわる思い出話をしながら、学芸員の筆者と共にゆっくりと展示室を巡るのが恒例となった。時に、展示室に居合わせた来館者が一緒に歩いて回ることもあった。来館者に対しては、「ようお越し」「ありがとうございます」と丁寧に挨拶をしていた。一緒に写真を、という求めにも快く応じて来館者とカメラに収まっていた。美術館に対する湯木の気持ちが窺われた。

この美術館の運営について、湯木は「特別なことは何も要りません。派手なことはしなくてよろしい。願わくは、さして興味を持たないでお出でになられた方でも、展示室を出られる時に、日本の文化はいいな、茶の湯はいいものだなと、何となくでも思っていただけるような、そんな展示をしてください」と言った。そして、「小さくても品格のある美術館でありたい」とも話した。湯木は何事にも品格をもとめたが、美術館でもその展示の仕様に品格を望んだ。

新たな茶室

茶室酉庵

昭和六十二年十一月の湯木美術館の開設は、湯木の人生の中での大きな節目となったが、二年後の平成元年には嵐山店の一角に湯木の好みになる茶室が完成した。湯木が米寿を迎えるにつき、子供たちから贈られたものであった。

四畳半の道安(どうあん)囲いの席と書院風の四畳半の席（襖(ふすま)を外せば五畳半となる）の、こぢんまりとした茶室である。道安囲いの茶室は表千家の点雪堂を、許可を得て写したものであったが、床の部分だけは湯木の考えでもって変更している。建築中に湯木はたびたび嵐山店に足を運び、施工を担当した木下孝一棟梁と相談を重ね、露地(ろじ)の燈籠(とうろう)や蹲(つくばい)の位置など、石一つにも、植木一本にもこだわりを見せた。道安囲いの席の下地窓(したじまど)の竹の組み方を細かくするように指示し、書院の喚鐘の吊る位置にも湯木らしいこだわりをみせた。

寄付は露地の入口に独立した建物とした。二畳間に丸炉がしつらえられ、広い土間のあるゆったりとした空間である。露地にある腰掛待合は、眼前に名勝嵐山が広がり、まことに地の利を得た見事な借景になっている。そして、道安囲いの席にはある古寺の礎石であったという大きな平蹲を、そして書院風の席の前には立ち蹲をそれぞれ配した。完成した茶室に表千家而妙斎から「酉庵」の命名と扁額を頂いた。

茶室の席披きを十月初旬と決め、お招きする一人一人に案内の書状をしたためた。

米寿の茶事

十月五日、新席披露と湯木の米寿記念を兼ねた初めての茶事が行われた。

而妙斎・左海祥二郎・久田宗也・永楽宗全が最初の客であった。

この時も、湯木は炭点前・懐石・濃茶と独りで行った。席中で、最近は長寿社会で高齢でも茶室を造る方は大勢おられるが、自ら点前をされる方は本当に少ない、との話があった。湯木に対する激励であったと思われるが、湯木はうれしく聞いたことであろう。

この時の茶事は、料理と茶の湯を人生の両輪として研鑽を重ねてきた湯木の、まさに人生の一つの総括としての晴舞台とも言えるものであった。そのために、湯木は心をこめて道具を選んだが、寄付には松永耳庵の書状（前出のきく夫人逝去の折の悔み状）を用いた。

祝いの席に悔み状とは異例とも思えるが、夫人を亡くした時に頂戴した心のこもった耳庵の悔み状は、湯木の人生にとって欠くことのできない大切な品であった、ということであろう。その後、翌平成二年四月三十日までの間（十二月中旬から三月下旬までは寒気を避けて休止していた）に、全二十五回の茶事を行った。

来庵者は茶道の各家元はじめ、大徳寺立花大亀、妙心寺盛永宗興、近藤道生、宇野收、乾豊彦、楽吉左衛門、林屋晴三、桜内きくなど総数で百名であった。一席の客は平均すると四名になる。湯木は自分の理想とする少人数の落ち着いた茶事を行ったのである。十月の名残の季節から春爛漫（らんまん）の季節にかけての茶事は四月末に一応終了したが、他の人からの要望もあって、その後も六月、八月、十月、翌三年四月と、同じ趣旨での茶事を重ねて行っている。

この後は、こうした長期に亘る茶事が行われることはなかった。この酉庵での米寿を記念した茶事は、湯木の五十余年の茶歴の掉尾（とうび）をはんなりと飾るものとなった。

その茶事の記念の品は、友人である扇子司中村清兄（きよえ）（一九一〇〜二〇〇五）が作成した朱地に金泥（きんでい）で稲穂を描いた扇子であった。茶事の後段（ごだん）の席で、湯木は一扇ずつ記念の言葉を書いて客に贈った。

中村は、白洲正子の著書『日本のたくみ』の中で、扇作りの名人と紹介されている人で、茶の湯の扇子を作る松月堂の十五代目であった。京都大学で学び、日本史・農学・暦法・考古学にも詳しい博覧強記（はくらんきょうき）の人で、『日本の扇』『宇宙動物園』などの著書がある。湯木は、中村から有職故実に関する知識、あるいはしつらいの考え方についてなど、多くの知識と助言を得た。また、中村は吉兆の前菜や重箱の覆（おお）い紙に絵を描き、湯木が吹上御所などへ仕事に参上する時は、白木地の器に趣向に叶った絵を描いてくれた。中村の絵に湯木が賛を添えた掛幅が多く残されている。

日本料理の完成へ

世界の名物　日本料理

東京店を開業してからも湯木の仕事は順調で、一段の飛躍を遂げていた。そうした湯木に思いがけない機会が訪れた。

雛祭りの日に

昭和四十六年二月、三笠宮様から、天皇様をお迎えするので、是非とも吉兆の料理をさしあげたい、という連絡があった。多忙の折に出仕事は人手のこともあり難しいことであったが、天皇陛下にお食事をということであれば何を措いてもの気持ちで、御満足の頂けるような料理をさせていただきます、と大喜びで引受けた。

湯木は明治生まれの人らしい皇室に対する深い敬意を持っていた。少年の頃、神戸の観艦式で明治天皇を国旗を持って迎えた時の鮮烈な思い出があった。また、昭和天皇は同じ年の生まれであることから敬愛の念を持っていた。

宮内庁の大膳課に行くと、料理も給仕もすべて吉兆さんにおまかせます、と言われた。しかし、よく話を聞くと、天皇陛下は熱いものは一切あがらない、お酒は一滴もあがらないので酒の肴はいらない、お刺身もあまりあがられない、とのことであった。正直なところ、日本料理の得手を全部封じられたようなものであった。困ったなと考えていると、大膳課の秋山徳蔵（一八八八～一九七四）が「吉兆さん、おうちでやっている料理を差し上げていただいたら一番いい。そんなに気を使いすぎたら、かえっていけませんよ」と忠告してくれた。

その予定の日を伺うと三月三日ということであった。日本料理の得手が封じられたと思ったが、雛祭の当日ならば季節の風情や趣向を料理に生かせると、ほっと安堵した。湯木は大きな緊張感とともに、「これまで私が身につけた上方料理や茶料理の真髄を味わっていただきたいと、胸をふくらませて考え尽くした」と語っている（『吉兆味ばなし』四）。

実のあるもので、数を少なくと心がけたというその日の献立は、次のようなものであった。

昭和四十六年三月三日宵

御献立

半月膳にて

花筏皿に奉書桃重ね敷いて

前菜　大蛤（はまぐり）内金溜塗（ためぬり）　白魚・芽かぶ・かんぞう

同　とこぶし柔らか煮・菜種からし漬

同　鮒ずしはじきつまみ・川鱒（かわます）西京漬小串・蕗（ふき）梅ぼし煮

朱盃　白酒　燗鍋（かんなべ）にて

三月蒔絵椀

椀　蛤どうふ・若布（わかめ）・木の芽

絵の具皿

造り　明石鯛　土佐じょう油

まぐろとろ　山葵（わさび）じょう油

伊勢えび　ちり酢

紋甲（もんごう）いか　岩茸（いわたけ）

平目ゑん　防風（ぼうふう）

　赤貝　よりうど
桜皮留曲物（まげもの）・千家盆（せんけぼん）
　飯　いり酒寿司・赤飯
乾山写春草文蓋向　白井半七作
　炊合せ（たきあわせ）　春若（はるわか）長芋・松露（しょうろ）・ひらまめ・胡麻みそ
雪洞（せつどう）
　箸休め（はしやすめ）　いり土筆（つくし）
長火鉢
　炭焼　近江牛・京筍・辛子割じょう油
　御飯
　香のもの　かぶら
銀盆・筏膳
　くだもの　メロン・苺
菱皿
　菓子　桜餅（漉餡（こしあん）・粒餡）

番茶

天皇陛下は料理について質問をしながら箸を進められ、最後に出された桜餅では、どうぞ外して下さいとの湯木の言葉にも、折角の心入れだからと桜葉も残されなかった。

この日の印象を湯木は、学者の御家庭のような雰囲気だったと書いている。湯木は六十九歳であったが、こうした日のために自分は生かされてきたように思うと話し、その日のためにに好きなお酒を一週間の間断って、その日に備えた。

この日をはじめの機会として、この後は、入江相政侍従長（一九〇五〜八五）の計らいなどもあって、天皇・皇后両陛下に料理を調進する機会をたびたび持つことになった。

御内宴のこと

初めて吹上御所に料理の仕事で出かけた日には、厨房をおいとまして、坂下門の検閲を済ませて帰る時、若ければ口笛でも吹きたいような胸の中にまことに快いリズムがただよう、と喜びの気持ちを記している。

天皇陛下のために熱いものを避け、料理をぬるくして味を引き出すのは難しいことであったが、その工夫を考えることは湯木には楽しいことであった。

昭和五十八年（一九八三）、皇后陛下の八十歳の御誕生日の御祝いの会（於花陰亭）の席中で、高松宮様から「吉兆さんはお歳はおいくつですか」と質問を受けた。湯木が「明治三十四年生まれの丑年です」と答えると、天皇陛下が「それは良い年だ」と言われた。このユーモアのある天皇陛下の言葉は、湯木には忘れがたい楽しい思い出になった。この時に、天皇陛下に料理の説明をしているところの写真が残る。湯木にとってはうれしい記念の写真である。

昭和六十一年十二月には、昭和天皇在位六十年の御祝いの御内宴が東宮御所で行われたが、その時、お食事が終られた後にお送りするように、と侍従から言われて、料理に従事した家族と共に廊下に並んだ。そこへ美智子妃殿下の案内で、天皇陛下がわざわざ湯木の前に来られ、「いつもきれいな料理をありがとう。今日も美味しく頂きました」と言われた。その時、湯木は熱いものが胸にこみ上げて来て涙が止まらなかった。

新町の小店から（現在は）料理の御下命をいただく我が身。我が運命をどう感謝して良いか。光栄至上。きくが守ってくれているのであろう、とその時に書いている。

ヨーロッパへ

湯木は前に記したように、昭和三十三年にニューヨークへ日本料理の指導に出かけたが、その時の経験から、日本料理は日本の風土に根ざしたものであり、外国で本当の日本料理は無理なことと考えていた。そのことからも、日本料理の完成を念願としていた湯木は、外国にはあまり関心を持たなかった。

ところが、その湯木にヨーロッパ旅行を勧める人がいた。フランス料理研究家で辻調理師学校校長の辻静雄（一九三三〜九三）である。辻は昭和四十年頃から家族の誕生日などの記念日には必ず吉兆で過すなどして、毎月のように来店していた。湯木のことを尊敬して、いつの頃からか、お父さんと呼ぶようになっていた。

辻は、湯木に本格的な西洋料理を是非とも味わってもらいたいと考え、ヨーロッパ行きを熱心に勧めていた。湯木はごく薄く切った食パンに果物を挟んだサンドウィッチを紅茶と共に、あるいは、カリカリのバタートーストと牛乳にブランデーを入れたものを朝食とすることもあり、ライスカレーが好物であるなど割合ハイカラなところもあったが、西洋料理そのものには大して関心を持っていなかった。

辻は、ヨーロッパの最高の料理を湯木さんにお見せすることが、私の生涯で最も重要な仕事の一つ、と固く思いつめていた。そして、辻から何度もの勧めを受けて、ようやく湯木はヨーロッパに出かける気持になった。

昭和五十一年十月、湯木と湯木の息子三人は、辻の案内で二週間の旅に出かけた。行き先は辻が選んだ一流の料理店ばかりだった。まず、フランスに向かい、パリ・ヴィエンヌ・ニース、ドイツのストラスブール・バーデンバーデン、イタリアのベニス・ミラノ、ベルギーのブラッセル、イギリスのロンドン、と十一日間に各国の料理店を訪ね歩いた。

滞在中は朝・昼・晩と三食とも西洋料理であったが、湯木は一度も日本料理が食べたいとは言わなかった。西洋料理に関心を示して全ての料理を残さずに食べ、飽きることがなかったという。「湯木さんはすごくハイカラで、探究心がおありで、旅行中は絶対に残さないでみな召し上がっておられましたね」と辻が語っている。出かける前の心配は何処へやら、携行した茶箱で抹茶を点てる以外は、日本のことなどを話題にすることもなかった。旅もいよいよ終りに近づいた時、湯木は「もう今日でお終いですか。また季節を変えて来たいものですな」と言い、周りを驚かせた。その時、湯木は七十五歳であったが、料理に対する関心と意欲はますます盛んであったらしい。

最高級の料理店ばかりを訪れて思うことがあったのであろう。湯木は「私たち日本人も日本の料理を大切に育てていかなければなりませんな」と話したという。

二回目のヨーロッパ

そのようなことから、一年半後の昭和五十三年四月末から五月中旬にかけて、前回と同じように二週間の予定で再びヨーロッパを訪れた。ロンドン・パリ・ウィーン・ミュンヘン・ミラノ・ジュネーブ・ローザンヌ・リヨン・ヴィエンヌ・フランクフルト・ハンブルグを回り、コペンハーゲンから帰途に就いた。この時に訪ねた料理店の数は二十八店であった。

前後二回のヨーロッパ旅行のうちで湯木の心に残ったのは、辻が世界一と折紙をつけたフランスのリヨン近くのピラミッドであった。ピラミッドは優雅なインテリアにアットホームな雰囲気があり、フランス最高の美食の殿堂と評価される。著名な料理人であるアラン・シャペル、ポール・ボキューズ、トロワグロ兄弟もここで修業をしている。ここには二回とも訪れたが、店主のフェルナン・ポアンの後を守るマダム・ポアンは、客室ではなく自室に招いて自ら給仕をしてくれた。湯木は料理の味もさることながら、その濃やかな心遣いに感激したという。

次に印象深かったのが、二度目の時に訪れたスイスのローザンヌにあるオテル・ドゥ・ビィル（町役場）であった。町役場だった建物をそのままに内部を改造した店で、船来しもた屋というか、静かな風格のあるいい店であったという。二回の旅行で訪れた店はいずれも一流の良い店であったが、この二店が特に印象深かったのは、「お客をもてなそうという心入れが深く、温かな思いをしたことです。それが第一に大切なことですよ」と湯木は語っている。

湯木は西洋料理に季節はないものと考えていた。しかし、アルザスの森の木の実を食べた鹿肉やフォアグラに秋を、アスパラガスやグリーンピース、そしてキャビアに初夏の味を感じた。また、料理に添えられた、あるいは部屋一杯に飾られた花など、いずれも西洋風の季節を感じたという。

そして、日本との違いで羨ましく感じたのは、ヨーロッパの各店で、礼服を着た紳士が颯爽（さっそう）とした態度でサービスする姿であった。てきぱきとしたサービスと、あうんの呼吸のいさぎよさ。それは日本料理の店で給仕する女性のしとやかさとは、あまりに異なったものであった。

湯木はそれまでにも日本料理の給仕の方法について考えていた。行きとどいた教育を受けた年配の女性の折目正しい給仕は品格のある良いものであるが、なかなかそうした人は得難いことであった。料理そのものを味わう瞬間は、しとやかさよりもいさぎよさの方が適しているのではないだろうかと湯木は考えた。このヨーロッパ旅行の後で、湯木は袴（はかま）をつけた男性に給仕をさせることを試みたりもしたが、「座敷の中ではどうにも似合わなかったので諦めた」と話していた。

湯木にとって初めてのヨーロッパ、それも辻という最高の案内役によって二回とも満足のいく旅となった。辻は、西洋料理に対する湯木の感想や意見・評価を聞いてみたいというのが当初の目論見であったが、その目論見どおり辻にも大層勉強になった旅であった。そして、辻は湯木に尋ねてみた。「それでお父さん、日本料理と西洋料理のどちらが宜しいですか」と。湯木は即座に「それは日本料理です」と答えた。まったく、湯木は日本料理が好きで、「世界の名物　日本料理」の自負を固く持っていたのであった。この返事には、辻も二の句が継げなかったのではないかと思われるが、そうした湯木を辻は一層好ましく思っていたようである。湯木は辻との交流で西洋料理に眼を開いたといえよう。しかし、それでも「二度の欧州旅行で、私は日本料理というものの認識を深めましたよ」と話しており、ますます日本料理の魅力を確信したらしい。

『吉兆料理花伝』

その後の昭和五十八年に、辻が湯木にインタビューをする形でまとめた『吉兆料理花伝』（新潮社）が刊行された。ここでは湯木の生い立ちから四季の献立、関西料理と関東料理との比較などが語られている。

また、昭和六十一年春から、毎日テレビで「料理らんまん京都風情」、続いて「絢爛浪速風情」、「紅葉うるわし京都風情」、「初春祝う江戸情緒」のタイトルで、吉兆の各店を舞台に四季折々の料理が紹介された。辻と湯木がホスト役になり、大岡信（詩人・文芸評論家）、山崎正和（劇作家・大阪大学名誉教授）、村瀬明道尼（月心寺）、堤清二（作家・実業家）などのゲストを招いて、日本文化と料理について語り合うものであった。

番組は好評を得たため、湯木の没後に、当時、毎日放送社長であった斎藤守慶の指示によって、四つの番組が一時間にまとめられて追悼番組として放映された。

辻は『料理人の休日』のなかで、日本料理の特徴を挙げたあと、次のように書いている。「吉兆の料理に具現されているものの特徴で忘れられないのは、その色調である。（中略）盛り込まれた料理の全体としての、優雅な色合いは、渋いなかにも、艶やかさがあり、実はこの、ささやかな艶やかさのなかにも日本料理の粋が、どっかりと根をおろしているようにも思われるのは、私だけの贔屓目ではあるまい。この艶やかさにはきっぱりとした〝いさぎよさ〟があると思うと、湯木老人はおっしゃるが、このいさぎよさは、材料のよいところばかりをつかうだけでなく、つかえるものはどんなところでも捨てずに、料理にしてしまう旺盛な研究心に裏打ちされていることを見逃してはなるまい」と、湯木の料理の深いところを捉えている。

東京サミット

吉兆の店には昭和二十年代から外国の人々が来店していたが、東京に進出後は外国の客が一段と多くなった。やがて、日本国が招いた外国の賓客や要人が吉兆を訪れるなどの機会が次第に増えてきた。そして、外国の人々の間に湯木の料理がよく知られるようになってきていた。

フランスの名料理人ポール・ボキューズが、辻静雄の招きで昭和五十年（一九七五）と五十一年の二年連続で吉兆の高麗橋店を訪れた（その後も何度か来店している）。両年とも八月中旬であったが、当然のことに献立が全く変えられている。季節柄もあり、また敬意を表してであろうか、器はフランスのバカラ社のガラス器が用いられた。両年には異なる形のガラス器が用いられるなどの配慮がされ、そこに織部手鉢や南蛮甕蓋（なんばんかめぶた）、染付（そめつけ）などの陶磁器、椀などの漆器が取り合わされている。その様子は献立帳に残るだけで、写真がないのが残念である。この時、ボキューズは日本料理のおまかせのシステムに驚き、また、吉兆料理の美しさと味に感嘆したという。こうしたことは、フランス料理のヌーベル・キュイジーヌ（素材の持ち味を生かした新感覚のフランス料理）にも影響を与えたとも言われている。

そして、湯木に大きな機会が訪れた。第五回のサミット（東京サミット）である。

サミット（先進主要国首脳会議）は、一九七五年に第一回がフランスのランブイエで開催されて以降、毎年一回開催されている。昭和五十四年（一九七九）六月、日本が会場となり、東京で初めてのサミットが開かれた。その二十九日の午餐会の料理について総理府から湯木へ依頼があった。サミットでは初めての日本料理である。

湯木は長年心に抱いていた「世界の名物 日本料理」の理念を実践披露する機会であると、その大役に心が躍った。会場は赤坂離宮迎賓館の游心亭であった。総理府からは、部屋のしつらいも含めて全部を湯木に任せるという話であった。

出席者はカーター・アメリカ大統領、サッチャー・イギリス首相、アンドレオッチ・イタリア首相、クラーク・カナダ首相、シュミット・西ドイツ首相、ジスカールデスタン・フランス大統領と、日本の大平首相の七人であった。六ヵ国のそれぞれ異なる国の方々に、しかも初めての日本料理で、喜んでいただけるようにするのは大変に難しいことであった。湯木は細心の配慮をもって献立を繰り返し考えた。当日に入手出来る料理の材料を念入りに調べ、献立が定まったのは午餐会の前日であったという。

部屋のしつらいは、寄付と本席の床にそれぞれ石山切（伊勢集）と佐竹本三十六歌仙絵在原業平を掛けた。そして、本席の広い床には大きな籠花入に山あじさい十七、八本をたっぷりと入れた。その部屋の一隅には葭簀屏風一双を置いて、七つの籠を散らして掛け、七種の花をそれぞれに入れて花屏風とした。また、書院には大和郡山藩柳沢家伝来の花筏文蒔絵の硯箱と料紙文庫を奉書の上に置いた。

各国の首脳は、料理だけでなく日本家屋も初めてであったから、湯木はしつらいにも心を砕いたのであった。床の掛物は日本美術の優れた特性を著しているものとして選び、沢山の花で季節を表現し、漆器は外国ではジャパンと呼ばれて人気の高いものである。

「各首脳がこの日のことを思い出して下さる時、料理は勿論、部屋の佇(たたず)まいも印象に残るものであるようにと心掛けたつもりです」と湯木は語っている。

午餐会の献立は、器も含めて日本の季節感と風情が感じられるものであった。

午餐会の献立

前菜　仁清焼舟形皿
　八幡(やはた)巻・アワビの塩蒸し・夏鴨ロース・山桃・さつまいも甘煮

お椀　色紙短冊蒔絵椀
　あこう鯛の葛たたき・オクラ・梅びしお

焼き物　染付皿
　保津川鮎の塩焼・たで酢

強肴(しいざかな)　宗長(そうちょう)盆

　　　天麩羅（車海老・鱚（きす）・枝豆）

炊合せ　糸巻皿　魯山人作

　　　加茂茄子・子芋

石焼　近江牛・小玉ねぎ、漬物サラダ

御飯　黒塗椀

　　　鳥の炊込み御飯・塩昆布と柴漬

果物　カットグラスと小皿

　　　メロン・パパイアのゼリー寄せ・ぶどう

菓子と薄茶

各国の首脳には初めての日本料理の体験となったが、特に、ジスカールデスタン・フランス大統領やサッチャー・イギリス首相は大層喜び、感激したという。他の首脳にも概（おおむ）ね好評を得て、全員が料理をほとんど残さなかった。料理の最後に、吉兆の店と同じように抹茶を呈しているのは、湯木らしい考え方と言えるだろう。

湯木はこのサミットを振り返って、「サミットの料理をさせていただいたことは、『世界の名物 日本料理』という悲願の一端が果たせたような思いがいたします」と語っている。

このサミットの終了後に、大平首相のもとに各国から礼状が届いたが、その中で湯木の料理について触れたものが多かったという。

この東京サミットの午餐会の成功は、湯木の努力によるものであるが、それは湯木が日本料理と西洋料理のそれぞれの特徴と相違点を熟知していたことが大きな点であったと思われる。先に述べた高畑誠一から西洋料理についての知識を得ていたこと、そして、辻との二度のヨーロッパ旅行が良い経験となっていたことと思われる。知識と経験とを下敷きにして、濃やかな配慮をもってサミットの献立が決められたのであった。湯木は「海外からのお客様は生活習慣や食の文化が違いますから、献立を作る時に色々と考えます。しかし、あまり気を遣いすぎて日本料理がゆがんでもいけないと思います。日本料理と西洋料理は醤油とソースの戦いです」と語っている。

第二回東京サミット

この後、昭和六十一年（一九八六）五月に第二回、平成五年（一九九三）七月に第三回の東京サミットが開かれたが、その時の午餐会も引き続いて湯木が担当した。

第二回東京サミットについても簡単に記すと、日付は五月五日の端午の節句の日であった。レーガン・アメリカ大統領、サッチャー・イギリス首相、クラクシ・イタリア首相、マルルーニ・カナダ首相、コール・西ドイツ首相、ミッテラン・フランス大統領、シラク・フランス首相と日本の中曽根首相の八名が出席した。

床の間には狩野永岳筆の日の出図の大幅を掛け、その前に五月人形を飾り、時代物の籠花入に五月梅（梅花空木）や利休梅（梅花下野）を合せて入れた。

五月は青竹が美しい季節なので、テーブルの上に青竹を長く切って三本を筏の形に組んで置き、竹のところどころに杜若を立てた。銘々の席には波蒔絵の黒塗膳を据えて、その上に朱盃と白井半七作の都鳥の向付と金箔を張った竹皮とを置いた。この膳の上は美しい色の取り合せである。次の遠山蒔絵の黒塗椀には、すっぽん汁に月の形に抜いた玉子豆腐を入れた。この椀の蓋を開けた時、サッチャー首相が「日本の料理は本当に美しい」と、大層喜んだという。

また、第一回東京サミットでは、生魚は使ってはいけないということであったが、二回目はそうした注意もなかった。鯛の粽寿司と鮪の手鞠寿司を献立に入れたが、全員が残さなかった。料理の最後の菓子は、端午の節句の説明も添えて柏餅を供した。これはほとんどが残し、餅の食感は外国の人には馴染めなかったかと反省する点もあった。

この午餐会では、気持のよい料理であった、との声が出席した首脳たちから出て、喜ばれたという。

二回目の東京サミットを終えて、湯木は「サッチャー首相に日本料理の魅力を判っていただけたこと、また、七年前に比べて生の魚が出せるようになったのは日本料理が理解されてきたからでしょう。何か片方から夜が明けてきたような感じがする」と喜びを語っている。

このようにして、日本料理が外国の人にも段々に理解され、受け入れられるようになっていき、外国の賓客や要人に対して、湯木が料理を調進する機会がさらに一段と多くなっていった。

吉兆の東京店には「外国王室と貴賓顕官の御接待」の一覧があるが、それを見るとアメリカ・ヨーロッパの各国だけでなく、中国・韓国・インド・タイ・マレーシア・スリランカ・ソ連（ロシア）・モンゴル・ヨルダン・メキシコ・ペルー・コロンビア・ニュージーランドなど、世界中の国の名が見える。

フランスのジスカールデスタン大統領は、サミット以降に来日した時は、食事は吉兆の店で、と特に指定した。ジスカールデスタン大統領は、店に入って靴を脱ぐとその靴をきちんと片隅に寄せ、部屋に入ると床の前に座って掛物や花を鑑賞するというマナーも実践したという。料理だけでなく日本の文化に敬意を表してのことであろう。このことは、部屋のしつらいまでも含めた日本料理というものを考えていた湯木にとって、誠に嬉しいことであったと思われる。湯木が念願としていた「世界の名物 日本料理」が、実際に外国の人たちの理解を得られつつあったということができよう。

著作のさまざま

「新味を加へた茶事懐石」

「生い立ちと『吉兆』」と「大きな飛躍」の二つの章で、昭和五年の吉兆開業から昭和三十六年の東京店開業までを記したが、およそ三十年余の間に、吉兆は日本を代表する料理店の一つとなった。その間、またその後も湯木は非常に多忙な毎日であったが、そうした中で執筆活動も行っている。ここでは、湯木の主な著作をまとめて紹介しよう。

前に記した昭和十一年から十二年にかけて出版された『茶道全集』（全十五巻）は、大変な好評を博し、全国的に爆発的な売れ行きとなった。戦後も少し落ち着いた昭和二十六年に、『茶道全集』の続編として『新修茶道全集』（全六巻）が、茶道の三千家の監修で刊行されることになった。このうちの第四巻（懐石篇）に、湯木は「新味を加へた茶事懐石」のテーマで執筆をしている。

湯木は新味とつけた懐石について、「（前略）現代の懐石は、殆ど変へることの出来ないまでに完成した究極の域に達しているものといふことが出来ませう。今後も、懐石の正式な順序・約束・構想といふものは、たとひその時代の息吹きは多少かゝるとしても、後世に伝へなければならないものであると思ひます。（中略）正式の茶懐石となりますと、現在一般に茶を愛する人々でも、その実生活から見て、時間に於ても、労力についても、経済から申しましても、困難な点が尠（すくな）くありません。（中略）そこで、少しでも今日の時勢に適応させ、時間・経済・労力の点でも、これなら家庭で行へ、しかも懐石の凡（およ）その気分はするといふ献立を大胆に考へてみようといふのが、本稿の眼目なのであります」と書いている。

内容は、十一月から翌四月までの茶の湯でいう炉の季節の懐石献立について、各月の趣と献立、その作り方など写真を添えて解説している。

懐石の料理を作るのは難しい、というのが一般的な印象であろうが、取り組みやすい献立を紹介することによって、多くの人たちに懐石を身近なものとしていって欲しいと考えたことからの執筆と思われる。これは単に茶の湯の世界のことだけでなく、日本料理が親しみやすいものであるようにと、考えていた湯木の心持が現れたものであろう。

そして、この本のあとがきの中で、旨味調味料の味の素に触れ、頭から否定しないで上手に取り入れることを勧めており、湯木の合理的な一面を覗かせている。また、「風炉茶の季節に、鯛茶漬、朝か夕暮の夏の生野菜、鱧寿司、秋の名残りにおそば、最後に栄養学に照らし出された茶料理とでも思ふことを、完結篇に書きたいと思います」と記している。しかし、この完結篇は出版社の都合かどうか判らないが、残念なことに実現はしていない。

その最後に「淡島（あわしま）さんと称して相当大きな仏壇程もある、いろいろおまつりをした笈（おい）を背に、鐘（鉦）を高く打ち鳴らしながら街を行く巡礼を思ひ出しまして、今ふと自分が吉兆といふ店を背に、味覚の祭典をしながら生涯休むことなく鐘（鉦）を鳴らしてさまよふ巡礼に等しいやうに思ひました」と、自らの料理に対する覚悟を述べているのが印象深い。

『吉兆味ばなし』

昭和三十六年に東京進出を果たした湯木は、東京・大阪・京都の各店を回り、料理の味や盛付け、また部屋のしつらいまでも眼を配り、その一方で、茶事や茶会を催すなど多忙な毎日であった。そうした日々の中で、日本料理に携わる料理人としての湯木が気にかかることがあった。日本の家庭の中での食生活の変化である。生活の洋風化と共に食事もカレーライスやスパゲティー、ハンバーグなどが日常的となり、伝統的な惣菜が徐々に家庭の食卓から姿を消しつつあることに対する懸念であった。

湯木は、食の基本と最高の料理は家庭にある、という考え方をもっていた。そして、その家庭の食卓から日本の伝統的な料理が姿を消してしまうことがないように、何か自分に出来ることはないだろうかと考えていた。

それと同じ頃、『暮しの手帖』の名編集長として知られた花森安治（一九一一〜七八）も同じような事を考えていた。二人は共通の懸念を持っていたのである。

花森は畳屋町時代からの客で、大阪や京都の吉兆をたびたび訪れていた長年の馴染みでもあった。湯木に対して、へつらい料理屋にはなるなよ、とよく話したそうである。花森と湯木との共通の懸念が下敷きになって、花森から『暮しの手帖』誌上で、日本料理についての連載の依頼を受けたとき、湯木は快諾した。

「吉兆つれづればなし」と題して連載が行われることになった。花森が話の引き出し役になって湯木がそれに答える形で話を進め、二日から三日をかけて一回分の原稿の分量が出来るという具合であった。昭和四十四年九月から連載が始まったが、湯木は料理の作り方や献立だけでなく、日本文化や美意識についてまでも幅広く語った。それは好評を得て、六十三年四月までの約二十年間もの長い連載となった。

それらの連載は、『吉兆味ばなし』のタイトルで、順次全四巻にまとめられた。その第一巻は昭和五十七年二月に刊行された。その本の装丁（そうてい）は花森の最後の作品となったが、花森の装丁作品のなかでの圧巻と言われている。黒地に箸置きと杉箸の図で、黒地は黒漆椀の色を表現すべく、花森は何度も黒の色のやり直しを行ったという。その本のあとがきの中で花森は、「湯木さんという人は、まったくふしぎな人です。こうして、いままで、延三百時間くらい話を聞いてきた計算になるのに、そのあいだ、料理とか味とかに関係のない話は、ただの一言も出てこないのです。（中略）その道一すじ、などと誰でも心やすく言いますが、この湯木さんぐらい、それがぴったりする人を知りません。まるで金太郎あめのように、どこを切っても、味のことしか、料理のことしか出てこないのです。（中略）これだけの見事な才能と見識（けんしき）を、一部の人たちだけのものにしておくのは勿体（もったい）ない、というのが、ぼくたちの考え方です。いちばん大切な料理は、毎日まいにち、三度のおかずだと思っていますが、そのために、もし〈吉兆〉の湯木さんが力をかしてくれたら、というのが、僕たちのねがいでした。湯木さんは、おなじことを、べつの言葉で考えていました。このままでは、日本の家庭から、日本料理はほろびてゆく。家庭からほろびてしまったら、こんなに立派な日本料理は、もう世界のどこにもなくなる……。両方の気持が重なり合って、この本は出来上りました。よくできたつもりです」と書いている。

第三巻のあとがきの中で、湯木は「ご家庭の料理が少しでもおいしく作れるように、一生懸命まごころをもって、手助けさせていただこうと思い、吉兆の手のうちも、洗いざらいお話してきました。日本料理を惜しむ心、日本料理をしっかりと日本人のために残しておきたいと、この老軀が燃える思いをしています」と書いている。

『吉兆味ばなし』への想い

湯木はこの連載について、「花森さんは聞き上手で、楽しい仕事でした」と話していたが、昭和五十三年に花森が逝去した後も、社長であった大橋鎮子の熱意を受けて連載を継続した。湯木は聞き手が十分に納得がいくまで、三日でも四日でも時間をかけて話を続けた。時には話が理解しやすいように、暮しの手帖社の研究室へ魚一尾を持って行き、研究室の台所で説明をしながら魚をおろしたり、店から連れてきた料理人に手早く料理を作らせて、編集部の人に味見をしてもらうことなどもあった。

湯木は多忙な日々の中で、この仕事に熱意をもって取り組んでいた。それには日本料理を守りたいという理由に加えて、別の深い思いがあった。それは「同じ家に暮らしていく、というような出会いは、人間と生まれてこれほど大切なことはありません。そのなかでも、晩ごはんにみなが集まるということは、家族の大事な出会いです。お互いにその時間を大切にしなければと、この頃しきりに思うのです。ご家庭での夕餉の重大さも知っていただきたい、と願わずにはいられません」と、第三巻のあとがきに記しているように、家族の有りようの大切さも心に期して、この仕事を続けたのであった。

「父はいつも忙しい人でしたが、家に帰ってくると小まめに家族の料理を作ってくれたりして、なによりも家族思いでした」と次女準子（京都吉兆女将）が話していた。

『吉兆味ばなし』の第一巻が刊行された時には、盛田昭夫（ソニー／一九二一〜九九）が発起人となって、大阪のロイヤルホテルで出版記念祝賀会が開催された。盛田と芦原義重の間に挟まれた席に座り、晴れやかな笑顔を見せる湯木の写真が残る。また、同年の八月には暮しの手帖社主催のサイン会が、同じロイヤルホテルで二日間に亘って行われ、大勢の人で賑わった。

『吉兆味ばなし』は一枚の料理写真もない本であるが、丁寧で穏やかな語り口から、湯木の料理にかける姿勢や熱い思いが伝わってくる。

入江泰吉との出会い

ヨーロッパ旅行で西洋料理を堪能していた時期に、湯木の料理を集大成した本の出版準備が進められていた。その本は、昭和五十三年（一九七八）六月に刊行された『吉兆』である。湯木の料理を記録に残しておいたらと勧める人があっての企画であったが、複数の出版社との間では実現には至らず、大阪の保育社との間で話が進み、ようやく完成に至った。

大和路の風景や仏像、行事などを写しては右に出る人がいないと言われ、『古色大和路』『万葉大和路』『花大和路』の三部作などで知られる写真家の入江泰吉（一九〇五～九二）が、料理の撮影を担当した。入江と湯木の出会いは、大阪ロータリークラブで食味評論家の大久保恒次に紹介されたのが最初であった。湯木は入江の大和路などの写真が好きであったし、青年期に写真に熱中していたこともあって初対面から話が弾んだ。湯木は入江の穏やかな人柄にひかれ、二人は意気投合してお互いに先生・御主人と呼び合い、肝胆相照らす仲となった。『吉兆』の撮影以降は、湯木の料理の大半は入江の撮影に任せるようになるが、撮影中はお互いに相手の意見を尊重し合い、ほどよい緊張感と和やかさが相俟った快い雰囲気が漂っていた。

そうした二人についてのエピソードがある。ある雑誌の取材で、吉兆の冬の料理と床飾りを撮影することがあった。床には上村松園筆の雪中美人図が掛けられ、雪輪模様の座布団を敷いた子犬の香炉（仁阿弥道八作）が置かれていた。撮影の段になって、入江は子犬が美人の足もとに戯れているように観じて、美人の上半身を構図から外して、その足元と子犬を撮影した。実のところ、湯木も同じ考えでもって、本来は床に置かない手焙りを香炉に見立てて、子犬に雪輪模様の座布団を誂えて美人図の足もとに置いたのであった。お互いに言わず語らずに相通じ、その場は名人同士の立会いといった感があったそうである（『四季の味』）。

豪華本『吉兆』

その二人の合作とも言うべき本である『吉兆』は、昭和四十六年から撮影と編集で八年もの年月をかけて完成した。

初めての打ち合わせの時、湯木は入江に「ぜひ、私の料理の味を撮っていただきたい。味には前でも後でもない、右でも左でもない、これという一点があります」と話した。そして、「まず、私の料理を召し上がってください」と言い、撮影もなく、一年間に亘って食事会が続けられた。

そして、いよいよ撮影が月に一回のペースで始まったが、一回に十時間余もかかり、昼過ぎから始まった撮影が夜中十二時を過ぎることも珍しくなかった。入江は湯木の料理に対する考え方に理解を示し、何回もの撮り直しにも嫌な顔をみせることはなかったという。湯木は器と器の間（ま）や器と料理の間（ま）など、間を非常に大事にした。それは素人目（しろうとめ）にはほとんど判らないような微妙な感覚であったが、湯木が料理や器に手を触れると料理が生き生きと蘇（よみがえ）り、花が咲いたようであったという。その撮影について、湯木は「入江先生と自分と丁々発止（ちょうちょうはっし）の撮影、その間が実に楽しい。撮影が終わった時、興奮の後の疲れにも似た心地をお互いに嚙（か）みしめあった楽しさが忘れられませんな」と話していたが、緊張感溢れる濃密な時間であったのであろう。撮影の後は食事の時間となったが、多くの場合は入江の好きなすき焼きが用意され、夜中二時頃まで話が弾み、入江が奈良の自宅に帰着するのが深夜も更けた頃になることもたびたびであった。

この時のことを、入江は「とりわけ感銘を受けたのは、日本料理の伝統を踏まえながら、それに安住することなく、むしろそれを超越する味は言うに及ばず、新しい美、新しい思想を絶えず追求し、実行される吉兆さんの姿勢であった。吉兆さんの箸の動きを見ていると、画家がカンバスに絵筆を走らせているのとまったく同じと感じられた。そして、吉兆さんも私も、実はただひたすらに同じものを追求し続けているということに、改めて感慨を深くしている」と語っている（『プレジデント』）。また、後年にも、この撮影と湯木について語っている。「せいぜい二年で撮り終えるだろうと思っておったのですが、延々六年間を費やしました。吉兆さんが、前の季節に撮った写真を見て、反省と同時に新しいアイディアを思いつかれて、ぜひ撮り直したいと考えられる。これは写真家の私の立場でも同じで、このへんでよいだろうという妥協はしたくない。これでよし、と自分で得心のゆくまで撮り続けます。この『根性』みたいなものを私は吉兆さんから感じ取りました。（中略）私は吉兆さんより四つ年下ですが、吉兆さんは、私を『先生』と呼んで立ててくださる。そのおだやかな人柄、心の温かさ、他人へ感謝する心をいつも持っておられて、しかも節度がある。いつお会いしても、明るく伸びやかで、人をほっとさせる不思議な魅力を持っておられる」（『デイム』）。

そのようにして出来上がった写真であっても、気に入らない点があると、入江の話にもあるように、湯木が「これはまた来年撮り直しましょう」と言うことが度重なり、出版社の担当者は何度も青ざめたという。本には約二百点の写真が選ばれ掲載された。

湯木が妥協を許さない完全主義を貫いたお陰で、あまりにも多くの時間と経費が掛かってしまった。そのため、本の値段設定が高くなり、売れ行きを心配した出版社からは、初刷千冊のうち四百冊を引き取るようにと強く要求された。湯木も出版社に迷惑をかけたことと考え、大変なことながら了承した。ところが、いざ出版の予約受付を始めると、飛ぶような勢いで四千冊もの予約が殺到した。直ちに増刷が行われて、都合六千五百冊ほどが売れた。出版直後に湯木の手元に届いたのは僅か一冊だけであった。当時、八万円もの高価な本がこのように売れるとは、誰も全く予想しなかったことであった。

湯木は、本のはしがきの中で「私の歩んできた道は、骨を削るおもいをして作り上げたものを、また自分でこわして、新しく工夫する、それのくり返しだったと、いまにして、つくづくそう思っています。そのときどきによって、私の仕事の、表にあらわれたかたちは、さまざまに変化しても、その底を流れる心は、新町のはじめから、いまのいままで、ただひとつ、日本料理のほんとうのすがた、ほのかなもの、あえかにたゆとうもの、そして、それをつらぬく爽やかないさぎよさ、それをなんとかわが手であらわしたい、なんとか自分の手技で守りぬきたい、ということです。（中略）このままではやがて、日本の国から、日本料理は滅びてしまうのではないかという憂いが、年ごとにつのってきたことと、一方では、その日本料理に生涯を捧げてきた自分のつくった料理を、もう一度、この自分の目で確かめてみたいという気持ちがあったからです。（中略）私は、はっきりと日本料理とはこういうものだと、〈日本料理は世界にも類のないすぐれた料理だ〉と言いたいのです」と、出版についての思いを語っている。

この本は写真本と解説本との二冊構成であったが、辻静雄の助言によって解説本には英文と仏文の訳がつけられた。海外へも紹介され、フランスの書店などにも並べられた。この本によって日本料理が外国にも広く知られるようになったが、また、日本の中では、写真にある料理や器がそっくりと真似られることが多くなり、全国の日本料理が吉兆風になったと言われたという。湯木はこうした吉兆風に対して、「形だけは真似できますけれどな」と、全く気に掛ける様子はなかったという。湯木は七十七歳であった。

『卆寿白吉兆』

大きな反響を引き起こすことになった『吉兆』の刊行から十年ほどが過ぎた頃、主婦の友社から湯木の卆寿（そつじゅ）（九十歳）を記念した本の企画がもたらされた。その時、娘の女将が心配をして「お父さん、また料理を撮るのですか」と言った。湯木はそれに対して「料理が真似されてもよろしい。そうしたら、また先の新しいことを考えたらよろしい」と答えていた。八十八歳の時のことである。

この『卆寿白吉兆』は、湯木が茶の湯と日本料理のかかわりを一冊の本にまとめておきたい。そして、若い人にもその気持ちを伝えておきたいと考え、茶事を主体とした本となった。春夏秋冬の季節に合わせた茶事に用いられる茶道具と懐石の料理とを撮影したものである。この本の打ち合せや撮影の時に、湯木は「料理について八十八歳なら八十八歳の進歩を考えていきたい。日本の文化の究極を押さえたい。次から次へと新しいアイデアが湧いてきて、これで良いという妥協をしない根性が大事です」と話していた。刊行の際に新聞社のインタビューに答えて、「日本料理についての私の知識、経験のすべてを結集しました。欧米、中国料理などが氾濫する中で、優れた日本文化の一つである懐石料理の素晴らしさを、主婦や若い人たちに少しでも理解していただければ」と語っている。

この本が湯木の最後の出版となった。この本の中で、湯木は「人生は生きがたいものでございます。そうした生きがたい人生を、日本料理の料理人というただ一筋の道を貫いて九十歳までも生きることができ、さらに、今も現役として仕事をしつづけていることを思うとき、まさに望外の幸せであったと感じるばかりです」と述べている。

この本も入江との共著であった。入江による茶室や庭の佇まい、茶道具や懐石の写真は風情と趣に溢れて誠に美しい。

ところが、刊行を目前にした平成四年（一九九二）一月十六日に入江が急逝した。その報せが湯木に届いたのは、大阪道頓堀の中座で歌舞伎の新春興行を見終えて劇場の外に出てきた時だった。その時、湯木は立っていられずに、「どこか……」と呟いた。兎も角も目の前にある喫茶店に入ったが、湯木はしばらくの間、無言で涙を拭(ぬぐ)っていた。湯木は入江を尊敬し、幸せであった出会いと常々話していたが、それだけに悲しみは大きなものであった。

入江の逝去から三ヵ月後の四月十四日に、入江の写真全作品約八万点を収めた「入江泰吉記念・奈良市写真美術館」が、奈良市高畑町に開館した。黒川紀章設計による端正な建物の中に、入江の作品が展示されている。

九十五歳の青年

料理は文化なり

文化功労者に

美術館開設の翌年の昭和六十三年（一九八八）十一月三日、湯木は文化功労者の顕彰を受けた。従来、この賞は学術関係、また芸術・文化や伝統芸能の関係者がその対象となっていた。湯木の受賞は、日本の料理界で初めてのことであった。

「長年、日本料理にたずさわり、その向上と発展に寄与し、日本料理を世界に紹介するのに大きな力があった」、「日本料理の第一人者。日本の風土に即した料理の完成を目指し、調理から作法までを一体化、日本料理を世界に類のない総合的な芸術としての食文化に高め、料理観を著作にまとめて一般に影響を与えた。また、日本料理を国際的に紹介すると共に、後進の指導にも尽力した」というのが受賞理由であった、と新聞各紙に紹介されている。湯木はインタビューに答えて、「日本料理を世界の名物にしたい、という執念を燃やす機会を与えてもらったと思います」、「日本料理は、国をあげて料理を重んじているフランスとは違っています。我々の努力が足りないのだと自戒しながらやってまいりました。この賞も日本料理にたずさわる皆さんが受けたということです」と話している。そして、その日、「心に万歳を繰り返して、明日への努力を万心にこめて、料理の道を想い願わねばならぬ。研ぎ澄ましたこの想いをさらに磨き鍛えねばならぬ」と記している。

　これに先立つ昭和五十六年には紫綬褒章（しじゅほうしょう）を受章しているが、この時も料理界で初めてのことであった。この時、インタビューを受けて湯木は「受章が日本料理見直しのきっかけになればありがたいことです。今後は、日本料理をフランス料理に負けない世界的な地位に高めていきたい」と語っている。

　そして、その喜びを次のように記している。「我が人生にとって、料理を国家が認めてくれたように思えて、有難い極みである（中略）日本もフランスのように自国料理を高揚（こうよう）して、もって『世界の名物　日本料理』とせらるることに、足掛かりの日の芽がさして来たことをうれしく思う。ありがたい限りである。フレー日本料理、フレー日本料理」と、半生を懸けた日本料理への熱い想いと喜びの気持が溢れている。そしてまた、次のような俳句を詠んでいる。「紫綬叙勲身にかみしめてきくの花」、菊は文化の日の象徴の花であるが、また亡くなった妻の名前でもある。数日後には「きく居ればきくあらばとぞ思う月日かな」との句もある。

文化功労者の顕彰の日の『朝日新聞』の社説「文化にカミシモはいらない」には、「今年度の文化功労者に日本料理店『吉兆』の主人、湯木貞一さんが選ばれたが、一部に『料理も文化なのか』といぶかる向きもある。これも固定観念のなせるわざだろう。カルチャーの語源は『耕す』である。作物を育て、収穫し、調理して食べるという人間本来の生き方に文化は始まる。(中略) ささやかな例だが、一家団欒の食卓を一つの文化の場と考えられないか。料理の材料、調理法、味覚、食事のマナーは家庭ごとに異なり、それ自体『文化』といえる。やがてそれは学問、芸術へと広がる芽となる」と書かれている。

この社説のように、また湯木が語っているように、日本では料理が文化と認められることはまだまだ少ないという現実があった。湯木の受賞はフランスなどと同じく、日本においても、料理が文化と認められた画期的な事柄であったということが出来よう。

この顕彰の時、多くの人から祝福の言葉が寄せられ、祝賀会開催の話もあったが、湯木は「天皇陛下が御不例（ごふれい）だから派手なことは慎みたい。お元気になられたら」と断り、そのまま大きな祝賀会は催されなかった。

湯木は十一月の末に、吉兆を心から支援してくれた故山本為三郎宅と故高畑誠一宅を訪れて、仏前に受賞の報告と読経を行った。

大きな祝賀会は行われることはなかったが、気の合う友人たちが高麗橋店に集まってくれたことがあった。献立帳の中に、「昭和六十三年戊辰歳師走十三日宵六時　白吉兆受賞祝いとして丑の会開催」の記載がある。参加者は、芦原義重・越後正一（伊藤忠商事）・谷口豊三郎（東洋紡績）・鳥居正一郎（阪急百貨店）・目代渉（東洋ゴム）・倉林育四郎（武田薬品）・古川進（大和銀行）・水野健次郎（ミズノ）・樋詰誠明（大丸百貨店）・池田悦治（大日本塗料）・八反田角一郎（読売新聞）の名前が見える。この丑の会というのは、芦原義重と越後正一が発起人となって昭和四十年頃に発足した会である。丑歳生まれの人ばかりが集い、年に数回、茶の湯と料理を楽しむ会で、湯木には気のおけない楽しい集いであった。この献立帳の末尾に、湯木は「本日天気晴朗にして暖かく、今宵は宵空に五日月美しくかかることとならん」と書きつけている。親しい友人たちに囲まれて、昭和五年の開業からの来し方を振り返り、しみじみと嬉しさを噛みしめたことであろう。

さらにこの後、平成四年十二月に「第二十七回淡々斎茶道文化賞」を、茶道文化に貢献したとして受賞。平成六年十一月三日には、大阪の文化・芸術・学術の発展に寄与した人に贈られる「大阪文化賞」を受賞した。

「日本料理ともてなしの心」

岩波映画製作所が、「シリーズ日本の食文化」というテーマのもとに全五巻の映画（監督山崎博紹・監修熊倉功夫）を、平成六年から八年にかけて制作した。その第一巻が「日本料理ともてなしの心　湯木貞一の世界」というタイトルで、湯木貞一の個人史を通して、二十世紀という時代と日本料理の近代史を辿（たど）るものであった。

秋から撮影が始まったが、その打ち合わせの時、湯木と初対面であった監督の山崎は、「心なき身にもあはれは知られけりです」と、西行の和歌の一部をもって挨拶をした（心なき身にもあはれは知られけり鴫（しぎ）立つ沢の秋の夕暮）。その時、湯木は「それが大事です」と言って微笑んだ。

一年近くをかけての撮影であったが、その中で、湯木は妙心寺大珠院の盛永宗興（もりながそうこう）（一九二五〜九五）と、子供時代から修業時代のことや料理のことについて対談をしている。盛永は後藤瑞巌の後をうけて大珠院の住職となり、晩年近くの八年を花園大学学長として大学の改革に当たった人であった。扇子司の中村が大珠院の檀家総代であったことからの縁で、知遇を得たのであった。

三十年近くの交誼のまだその間もない頃に、盛永から湯木が所蔵する宗峰妙超（大燈国師）の墨蹟を拝見したいとの依頼を受けた。湯木はただ墨蹟をお見せするだけでは面白くないと考えて、茶事の準備をして迎えた。掛物一幅を拝見するのに、わざわざ茶事をしてくださるとはと、盛永は墨蹟に深い感銘を受けたことと併せて、その心遣いを大層喜んだ。そのことがあって急速に近しくなり、湯木の孫までを含めた家族中で座禅の会などに参上することとなり、吉兆の入社式には講話を依頼した。明晰な考え方と浩然の気を漂わせる盛永に対して、親子ほどの年齢の違いがあったが、湯木は心の澄む穏やかな時間をもつことができたのであろう。「清浄潔白な考え方を持ち、禅の道にいそしんだ方で、その才気が充分に生かされないまま埋もれたようで、その短命を惜しむ。憧れて憧れて、唯々大事な御方でした」と、盛永の逝去の後に湯木は話していた。ついでながら、湯木が七十歳半ば頃から白吉兆と号したのは、盛永が白い頭髪の湯木を、「はくきっちょうさん」と呼んだことに由来する。

映画の撮影の期間中、湯木は九十三歳という年齢の故もあって、体調の優れないことがたびたびあった。しかし、カメラに向かい語りかけ気分が高揚すると、その長い指でテーブルを叩きながら、日本料理について、あるいは料理人の地位を向上させるために躍起となって努力したことなど、熱のこもった話をした。「日本料理はたとえ海外の食材を取り入れたとしても、伝統が培った良さというものがなければならない」と語り、前述した濱本宗俊の家を退出する時の露地笠の話を紹介して、風流について語った。その表情は、いまだ青年のはつらつさを思わせたと山崎は語っている。

映画のエンディングは、湯木の大写しに「平成八年、日本男子湯木貞一九十五歳、益々健勝」の文字がエンドマークの代わりに載せられた。湯木の料理に掛けた生涯は、日本料理の近代史そのものであった。

日本料理に対する湯木の姿勢や考え方を、さらにここで紹介することにしよう。

日本料理の魅力

料理人にとって大事な献立帳に、湯木はいつもきちんと干支年月日を書きこむのを常としていた。それに関しての記述がある。「いつも献立に年号月日同じ如くに書くを、面倒ならずやといぶかりて問ふ人ありき。別して深き心の存ずるにはあらねど、今日此之日のふたたび我にめぐり来る事ハあらじと、生死、料理の大事を心に誓ふを常とする。先師のおしへなり矣」と、昭和三十二年の献立帳の中に記している。また別の献立帳には「快活にその日を処して、志は持ちたきもの也、悠々たる一日一日、楽しみと勉強をしたきものなり」とある。湯木が一日一日を大切に過ごすことを心掛けていたことが窺われる。

また、献立帳の中には献立だけでなく折々に考えたこと、また、特に好んだ芭蕉や蕪村の俳句、西行や源実朝の和歌などが見られ、自ら詠んだ俳句や和歌も書き止められている。その中に「工夫して心とゝのふ己のが手に花鳥風月みな料理也」がある。料理に対する心意気を示す、いかにも湯木らしい和歌である。

日本料理に関しては、さまざまの機会に繰り返し述べている。

「日本料理の美味しさは材料の豊さが基本にあります。その材料の持ち味を生かすために、薄味が標準となります。日本料理の道に携わる者が踏み外してはならないのは、まず季節を守ること。旬を大事にすること。そして、なるべく質素から出た仕事でないといけない。華美に流れると、もう上に花がなくなります。質素の中から花を咲かせるようにしたいものです」、「すべて料理は美味しさが第一なのですが、その美味しさに、さらに季節の風趣と色彩感覚が働いて、日本料理が完成するのでしょう。そういう意味で世界中で日本料理が一番優れた、洗練された料理だと思う」、「季節の風情を大切にし、床の軸や花はもちろん、器に至るまで心を配り、たとえば、今日一日、その日だけしか掛けられないという軸でもてなす、料理を含めてこんな高度の楽しみ方のできるのは、世界中で日本料理しかない。完成された日本料理こそ『世界の名物　日本料理』と讃えられるべきです」と語り、日本料理の料理人であることを誇りともしていた。

そして、「日本料理は日本の文化です。いくら世の中が進んでも、日本料理の中にフランス料理や中華料理を取り入れたりすることは絶対にいけない。真向(まっこう)に日本料理を修業しなくてはいけない」、「日本人が受け継いできた独特の美意識をむざむざ捨ててしまうのが残念でならない。季節感もその一つであるが、その趣向にしても身に十分に焚(た)きしめて、それがほのかに手先から出るような季節感でなくては面白くありません」。また、「最近は季節季節と言いすぎて、人参を紅葉の形に抜いたような皮相な季節が氾濫している。料理を玩具(おもちゃ)のようにいじっては何もなりません」と、懸念も示していた。

初真桑(まくわ)四ツにやわらん輪にやせむ、との芭蕉の句がある。湯木は難しい器に盛りつけをする時には、「心躍(おど)らせながらこの句がいつも頭に浮ぶ。盛りつけの第一は切り方から始まる。そして、味の取り合せが大事である。甘酸塩苦辛。その味の諧調(かいちょう)のついたものを盛り込む時の心のときめきというものは、盛り込む技を身につけた者でないと判らない楽しさ、口に言えない喜びがあります」と語っている。そして、料理には寸法と分量が大事とし、「器に合う寸法、口に合う寸法というものがある。また、分量は多すぎては野暮、少なすぎては貧相、その頃合いが大事である」と、その微妙な感覚を大切なものとしていた。

日頃から、「料理には修行と努力が必要だが、それに加えてセンスが欠くべからざる要件です」と話していたが、そのセンスとは、味の諧調の繊細な感覚と共に、盛りつけに対する美的感覚を指していると思われる。

湯木が大事としたセンスに関連して、先に記した昭和十四年の献立に付した文がある。

「(前略) 次に、料理するもの、理想とするところは、芸術の佳境に入ること、少なくとも魚を、又野菜を前に包丁を手に執(と)つたとき丈(だけ)は、芸術的良心を呼び醒(さ)まして欲しいと念願する。鯛の刺身一つを造るにしても、牧谿(もっけい)の雅趣を、応挙(おうきょ)の筆致を其処(そこ)に髣髴(ほうふつ)させるものがあつて欲しいと思ふのである。料理は芸術なりと云(い)はれる。而(しか)して料理する人は芸術家である。努(つと)めて広く材料の知識を得、又器物の知識をもあはせて、その上書画、彫刻等にも親しみ、品性を高めて欲しいと切望する。すれば、其処に生み出される料理は自ら息の通ふた立派な芸術品であるべき筈(はず)である。(中略) 料理の道に生きるものは、材料一つに自分といふものを出し切らねばならない。材料は飽くまでも生かして使はねばならないのである。（後略）」。湯木が三十八歳の時に記したもので、少し気負いが感じられるが、湯木は若い頃から幅広い日本文化の勉強をしており、料理は技術だけではなく、多彩な日本文化を学び自分を磨くことが料理修業の根底に大切であると、この頃から考えていたことが窺える。料理のセンスを磨くには、こうした勉強が大事だというのである。

料理を学ぶ若い人に

吉兆の入社式で話した言葉の中から。

「一生懸命、精魂無比（せいこんむひ）、魂をこめて尽くす、人にくらべられないような努力を自分がしてゆく、ということを大切に思ってほしいのです。人の嫌がる仕事を進んでやっていこうという心がけをもって欲しいですね。何事も魂を入れてやっておれば、誰かが必ず、その姿をみてくれているものです。一生懸命やっても誰にも、なんにも認められない、明けても暮れても十年一日の如しなら、それは何か自分に愚かなところがあるのではないか、と考えるべきです。鍋を洗うにしても、ただ漫然と洗っていたのでは仕様がありません。鍋を洗うこと一つにも沢山学ぶことがあります。君たちはこれから料理を学ぶのですが、まず技を磨かなくてはなりません。技を体の中に叩き込んでしまうことです。日本料理の一角（ひとかど）の料理人と認めてもらうには、技を研磨（けんま）することです。人の遊んでいるときに、こんなことをしなければならないと思うのではなく、こういう時こそ自分は勉強して、何かを得る良い機会だと自覚して、有意義な一日にしてほしいものです」と心をこめて話している。

湯木は少年時代に床磨きなどの下働きから修業を始めているが、そうした経験について「料理修業の奥底を経験してきたという自負があります。感受性の一番強い、理外の理のようにピタッと物事が沁み入りやすい年ごろに、料理に明け暮れしたのがしあわせでした」と話していたが、料理修業にはそうした体験が大事なことだと考えていた。

別の機会には「料理の技が上達するかしないかは、料理を楽しんで作ることができるかどうかにかかっています。勉強は楽しみながらやらなくては身につきません」と、料理に対して前向きな気持ちが大切なことを語っている。

献立帳の中に「献立を書く時ハ」として、「心を落ち着けて一期一会を思ふべし　君の生涯今この奉書紙に対する時ハ再びあらざるなり」と若い人に宛てた言葉がある。

また、「座右の銘は何ですか」とよく質問をうけていたが、湯木のそれは「刻苦光明　必盛大也」であった。これは臨済禅中興の祖とされる慈明禅師の言葉「古人刻苦光明必盛大也」からの引用で、ある禅師から教えられたという。湯木はこの語を人に頼んで警策に刻み、調理場に掛けていた。人様から頼まれて書くこともあったが、孫たちから著書に署名を頼まれた場合もこの語を書き、苦労を厭(いと)わないで努力することの大切さを説いていた。その中に次のような添え書きが見られた。「春夏秋冬違(ちが)いなき四季の日本料理を手に入れて、磨きあげたる料理こそ世界最高の料理なれ　○○君、これからの修業」と、料理への覚悟を持つように励ましている。そして、「辛抱をすること。そして料理が好きであることが大切。努力も辛抱もせずに手に入れたものには花は咲きません」と、繰り返し話していた。

さらに、「料理の手本は吉兆にはなくて、お客様にある。手本は食べてくださる方です。そう思ってやっていかないと、良い仕事はできません」と料理人の心構えを語っていた。

日本料理への夢

最後に、湯木が語っていた夢について触れておこう。

たびたび記述しているが、湯木は「世界の名物　日本料理」の考えを堅く持っていて、何とか自分の手で日本料理の完成を成し遂げたいと考えていた。湯木の考える日本料理の完成とは、料理の素材、料理を盛る器、食事をする部屋のしつらい、建物とその周囲の庭などの環境など、すべてを含むもので、東京サミットでの午餐会などが、ややそれに近いものであったのだろうかと思われる。湯木の念願とする完成度の高いものを追求するには、個人の力だけではとても及ばないと湯木は痛感していた。食材は別にしても、建物や庭などの空間、また部屋のしつらいに必要な掛物や書院飾り、また食器についても質の高いものを求めれば求めるほど財力が必要になる。湯木は、「個人の力では限りがある。国立の施設で、桂離宮のような建物を建て、そこで日本料理を守り残していくというような話があれば、喜んで馳せ参じてこの身を尽くしたい。そして、其処で思い切り力を奮いたいとの念願を持っているのだけれどもね」と話していた。とても叶わぬ夢であったが、湯木の求めたものは単に日本料理の完成というだけでなく、まさに日本文化の総合というものに行きつくのではないかと思われる。

湯木のそうした日本料理に対する姿勢について、もう一つ付け加えたいことがある。それは、湯木が自身の安楽のために店以外の自宅や別荘などは持たず、ある時からは一部屋をも持たなかったことである。勿論、経済的理由からではない。何時であったか、「どうしてお部屋をお持ちにならないのですか」と筆者が尋ねたことがあった。湯木は「ある人と約束しましたんや。この道に尽くすということでな」と穏やかな声での返事であった。「ある人って」と尋ねたが、静かに笑って答えはなかった。それは夫人であったか、恩人といわれた人であったか、あるいは他の人であったか定かではないが、おそらくは、湯木が心の中で約束をしたのであろうと思われた。そこに日本料理の完成を果たしたいと考える湯木の、執念のような強い意思が感じられるように思われた。

最後の歌舞伎座

九十五歳を迎えても、湯木は元気で大阪から京都・東京と各店を回わっていた。吉兆の調理場では調理台の上に座布団を敷いて座り、調理場全体を見回して出来上がった料理は自分の前を通って客間に運ばれるように指示して、盛り付けに眼を通していた。最晩年まで調理場に居るのを好み、皆が立ち働くのを眺め、声を掛けていた。その当時の湯木について、長男の敏夫は「晩年までも本当に体が動かなくなる最後まで、しつこいくらいに料理にこだわっていました。とにかく料理については厳しい人でした」と、湯木の没後に雑誌のインタビューに答えて話している。

新春歌舞伎を楽しむ

平成九年（一九九七）一月二日、湯木は例年の正月と同じように新春の歌舞伎を楽しむために、東京の歌舞伎座に出かけた。昼の部、夜の部と二日に亘って歌舞伎座に通い、「本朝廿四孝」「連獅子」「鳥辺山心中」などの演目を鑑賞し、江戸の初春を楽しんだ。

湯木の父方と母方の両祖父が歌舞伎を好み、湯木は四、五歳の子供の頃から神戸の大黒座や聚楽座へ連れられて歌舞伎を観ていた。何も訳が判らないままに菓子を与えられて座っていたという。そうした両祖父の影響であろうが、湯木は生涯にわたって歌舞伎が好きであった。歌舞伎に伴う三味線や新内・清元・河東節なども好んだ。歌舞伎俳優とは時折、楽屋に弁当を届けるといった緩やかな付き合いかたをしていた。その中で、十七代中村勘三郎（一九〇九～八八）は、幕間や終演後に「楽屋で待っています」と呼ばれるような間柄であった。舞台の意見を求められて、気のついたことを話したりしていた。また、大正から昭和初期に活躍した六代菊五郎や初代吉右衛門、五代歌右衛門、十一代仁左衛門、初代鴈治郎などの名優の演技について話し込むこともあった。

東京の歌舞伎座でも、京都の南座でも、大阪の中座でも、湯木はいつも最前列の真ん中あたりに座って鑑賞するのが常であった。湯木の没後に、親しくしていた作家の村上元三（一九一〇～二〇〇六）が、「劇場に入って、いわゆるかぶりつきと呼ばれる最前列に座っているお客を、後から確かめる楽しみがなくなってしまった。髪の毛の白い、手入れの行きとどいた頭をそこに見つければ、湯木貞一さんとすぐにわかった。芝居が終わったあと、軽く一杯やりながら話が出来る場所が東京では少くのうなりましたな、と二人で文句を言いながら歩いた」と、湯木の思い出を書いている（『文藝春秋』）。

桜花散る日に

湯木は新春の歌舞伎を楽しんだ後に大阪に帰ったが、一月中旬に風邪を引いて入院。一時小康を得ていたが、桜花が散り初める四月七日に永眠した。享年九十五歳。

お別れの会が四月十三日、高麗橋店で執り行われた。

遺影と菊花が飾られた簡潔な祭壇には、天皇陛下からの祭粢料と、常陸宮様・三笠宮様・高松宮様・総理大臣橋本龍太郎からの供花が飾られた。

葬儀委員長を務めた宇野収（東洋紡・元関西経済連合会会長。湯木美術館二代館長／一九一七～二〇〇〇）は、「志高く、日本料理を通して日本文化の気品を世界に紹介した」と、弔辞の中で称えた。茶道の各家元をはじめ、多くの知己に見守られてお別れ会は荘重に執り行われた。当日は三千人を超える人が参集し、北船場の地に延々と長い列が続いた。

逝去を知らせる各新聞には、「おいしい上に、季節感と色彩感を盛り込むのが日本料理、というのが持論。器や部屋のたたずまいにも心を配り、料理の名演出家と謳われた」、「日本料理を世界に類のない総合芸術に高めた」、「器と料理の様式美を求め、季節感を盛る工夫を重ねた」、「器に季節を盛る天才、もてなしの天才」などと報じられた。

「よみうり寸評」では、「味には、前でも後でも、右でも左でもない、これという一点があります」――〈吉兆〉主人湯木貞一さんはそう言っていた◆料理人として初の文化功労者に選ばれた人ならでは、こうは言い切れまい。〈世界之名物　日本料理〉を自負していた。味に加えて季節感ともてなしの心――旬の味を大切にしてきた◆「禅寺の食事のような質素な材料だけでも、高価な懐石に劣らない旬が味わえます。家庭料理でも本質は全く同じです」とも言っている◆二十年にわたって『暮しの手帖』誌に「吉兆つれづればなし」を連載した。日本料理のかんどころ、呼吸、美味のありかを家庭に伝えたかったからだろう。（中略）◆明治三十四年（一九〇一）の生まれは昭和天皇と同い年。昭和五年創業当時の〈吉兆〉は間口二メートル余りの細い小さな店だった。二十世紀を料理一筋に生き、七日に九十五歳で逝った」とある。

湯木は二十世紀の時代を、料理への夢を追って全力で駆けつづけた。そして、豊かに大きく輝いた。その輝きは日本料理の歴史に長く刻まれることであろう。

（文中、敬称略。肩書・所属は当時）

あとがき

「やあー、おまたせしましたな」といいながら部屋に入ってきた人は、白髪で長身に濃紺のスーツがよく似合っていた。上品でもの柔らかな物腰に加えて、どことなく漂うハイカラな雰囲気に、素敵なおじい様、と思った憶えがある。吉兆の高麗橋店で面接を受けた時の湯木貞一氏の印象である。その時、湯木貞一氏は八十五歳であった。

昭和六十二年十一月三日が湯木美術館の開館日であったが、その前日の午後八時過ぎのことである。毎日遅くまで開館に向けて仕事をしてきた私は、今日は早く帰って明日に備えようと考えたが、もう一度、展示を確認しておこうと展示室に足を運んだ。展示室は約一四〇平方メートルの広くはない空間で、落ち着いた雰囲気を持つ。展示品やキャプションに注意しながら、展示室をゆっくりと歩いた。そうしているうちに、私は何とも言えない心地よさに包まれていることに気がついた。そして、静かな音楽が聞こえてくるような快い気分になっていた。これはどうしたことかと考えながら展示室の中を歩いた。学生時代から各美術館を訪れていたが、こうした経験は初めてのことであった。展示室内の長椅子に座ってしばらくその心地を楽しんだが、不意に気がついた。これが湯木貞一氏の世界なのだと。その時、この美術館においてなすべきことが判ったような気がした。

美術館開設準備室から約二十二年間の在職のうち、ほぼ半分の十一年が館長湯木貞一氏とご一緒できた時間であった。

美術館に関しては、本文に記した以外のことは何の指示もなく、注意を受けることもなかった。館長が亡くなられた後で、私は展覧会に対する意欲を失った。元に戻るのに一年の時間が必要であった。その時、私がどれほど館長の眼を意識して仕事をしていたかということを痛感した。館長の美に対する感覚は鋭く、さりげない折でも、はっと思うことがあった。無言の指導を受けていたのだと思う。

よく人様に問われて答えたのは、「真面目で丁寧な方であった」という印象である。美術館の仕事以外に、『卆寿白吉兆』や岩波映画の撮影、ＮＨＫなどのテレビ番組や雑誌の撮影取材、また、茶事など、多くにお供をしお手伝いをすることになった。そうした中で、いつも感心させられたのは、いい加減なところで手抜きをされないということであった。

ご高齢でもあり、もうこれくらいでいいのではと周りの人が考えても、館長は納得されなかった。そうした物事に対する真摯（しんし）な姿勢が、吉兆の店を築き、文化功労者の顕彰を受けることになったのであろうと思われる。

本書では館長の生涯と共に人間性を伝えたいと考えたが、そうしたことがいささかなりとも果たせていたならば幸いであると思う。

最後になりましたが、執筆を勧めて下さった故近藤道生様はじめ、ご高配をいただきました方々に心よりの謝辞を申し上げます。また、吉川弘文館編集部の皆様に有難く御礼を申しあげます。

平成二十二年七月

末　廣　幸　代

著者紹介

一九四七年、大阪府に生まれる
一九六九年、同志社大学文学部文化史学科卒業
大阪府下市史編纂室、思文閣美術館を経て、
一九八七年、湯木美術館設立準備室に就職
二〇〇八年、湯木美術館主任学芸員を退職

主要著書

『街道に生まれた民画―大津絵』(共著)『吉兆湯木貞一のゆめ』(共著)『松花堂弁当ものがたり』

歴史文化ライブラリー
310

吉兆　湯木貞一
料理の道

二〇一〇年(平成二十二)十二月一日　第一刷発行

著　者　末廣幸代（すえひろさちよ）

発行者　前田求恭

発行所　株式会社　吉川弘文館
東京都文京区本郷七丁目二番八号
郵便番号一一三―〇〇三三
電話〇三―三八一三―九一五一〈代表〉
振替口座〇〇一〇〇―五―二四四
http://www.yoshikawa-k.co.jp/

印刷＝株式会社 平文社
製本＝ナショナル製本協同組合
装幀＝清水良洋・星野槙子

歴史文化ライブラリー

1996.10

刊行のことば

現今の日本および国際社会は、さまざまな面で大変動の時代を迎えておりますが、近づきつつある二十一世紀は人類史の到達点として、物質的な繁栄のみならず文化や自然・社会環境を謳歌できる平和な社会でなければなりません。しかしながら高度成長・技術革新にともなう急激な変貌は「自己本位な刹那主義」の風潮を生みだし、先人が築いてきた歴史や文化に学ぶ余裕もなく、いまだ明るい人類の将来が展望できていないようにも見えます。

このような状況を踏まえ、よりよい二十一世紀社会を築くために、人類誕生から現在に至る「人類の遺産・教訓」としてのあらゆる分野の歴史と文化を「歴史文化ライブラリー」として刊行することといたしました。

小社は、安政四年(一八五七)の創業以来、一貫して歴史学を中心とした専門出版社として書籍を刊行しつづけてまいりました。その経験を生かし、学問成果にもとづいた本叢書を刊行し社会的要請に応えて行きたいと考えております。

現代は、マスメディアが発達した高度情報化社会といわれますが、私どもはあくまでも活字を主体とした出版こそ、ものの本質を考える基礎と信じ、本叢書をとおして社会に訴えてまいりたいと思います。これから生まれでる一冊一冊が、それぞれの読者を知的冒険の旅へと誘い、希望に満ちた人類の未来を構築する糧となれば幸いです。

吉川弘文館

〈オンデマンド版〉
吉兆 湯木貞一
料理の道

歴史文化ライブラリー
310

2021年（令和3）10月1日 発行

著 者 末廣幸代（すえひろさちよ）
発行者 吉川道郎
発行所 株式会社 吉川弘文館
〒113-0033 東京都文京区本郷7丁目2番8号
TEL 03-3813-9151〈代表〉
URL http://www.yoshikawa-k.co.jp/

印刷・製本 大日本印刷株式会社
装 幀 清水良洋・宮崎萌美

末廣幸代（1947～）

ISBN978-4-642-75710-2